AF189282

Impressum
Verlag: BABADADA GmbH, Nedderfeld 112 , 22529 Hamburg
Geschäftsführer / Verlagsleitung: Harald Hof
Druck: Books on Demand GmbH, In de Tarpen 42, 22848 Norderstedt

Imprint
Publisher: BABADADA GmbH, Nedderfeld 112 , 22529 Hamburg, Germany
Managing Director / Publishing direction: Harald Hof
Print: Books on Demand GmbH, In de Tarpen 42, 22848 Norderstedt

σχολείο
5ch00l

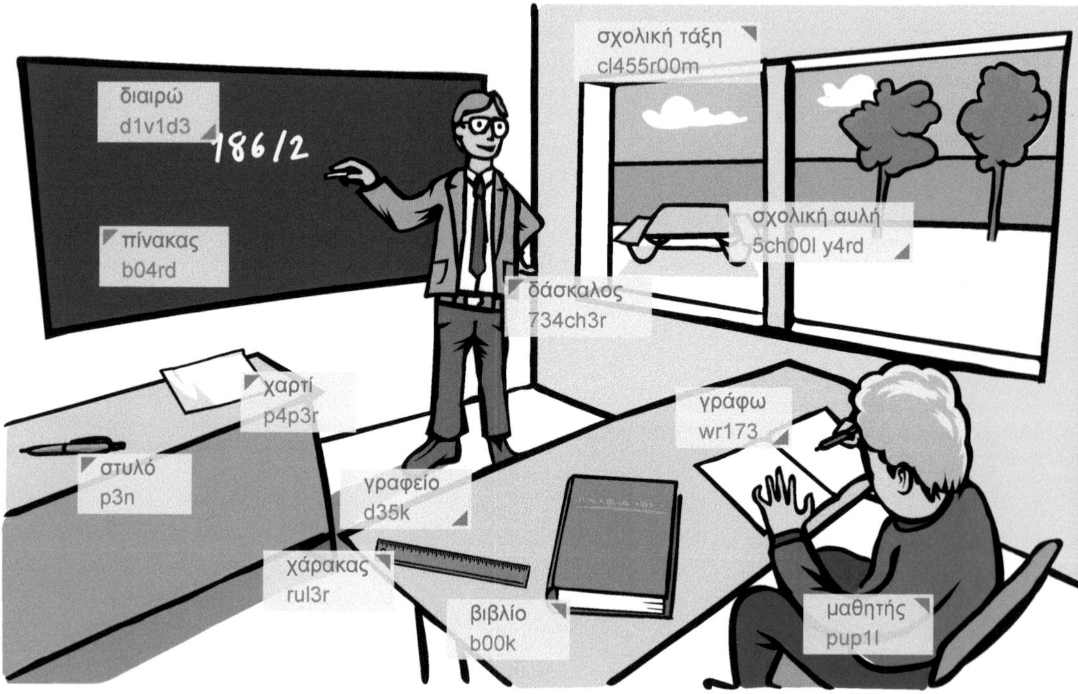

σχολική τάξη
cl455r00m
διαιρώ
d1v1d3
186/2
πίνακας
b04rd
σχολική αυλή
5ch00l y4rd
δάσκαλος
734ch3r
χαρτί
p4p3r
γράφω
wr173
στυλό
p3n
γραφείο
d35k
χάρακας
rul3r
βιβλίο
b00k
μαθητής
pup1l

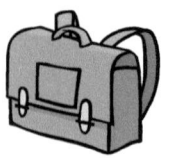

σχολική τσάντα

547ch3l

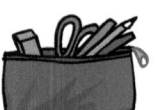

κασετίνα/ μολυβοθήκη

p3nc1l c453

μολύβι

p3nc1l

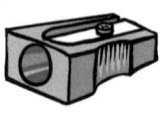

ξύστρα

p3nc1l 5h4rp3n3r

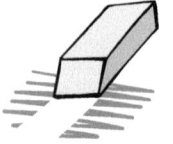

γόμα

rubb3r

μπλοκ ζωγραφικής

dr4w1n6 p4d

ζωγραφική
dr4w1n6

πινέλο
p41n7bru5h

κουτί χρωμάτων
p41n7 b0x

ψαλίδι
5c1550r5

κόλλα
6lu3

τετράδιο ασκήσεων
3x3rc153 b00k

εργασία για το σπίτι
h0m3w0rk

αριθμός
numb3r

προσθέτω
4dd

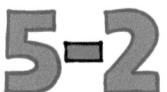

αφαιρώ
5ub7r4c7

πολλαπλασιάζω
mul71ply

υπολογίζω
c4lcul473

γράμμα
l3773r

αλφάβητο
4lph4b37

λέξη
w0rd

σχολείο - 5ch00l

κείμενο

73x7

διαβάζω

r34d

κιμωλία

ch4lk

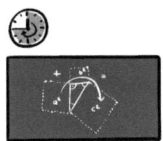

μάθημα

l3550n

εγγράφομαι

r361573r

τεστ

3x4m1n4710n

πιστοποιητικό

c3r71f1c473

μαθητική στολή

5ch00l un1f0rm

εκπαίδευση

3duc4710n

εγκυκλοπαίδεια

3ncycl0p3d14

πανεπιστήμιο

un1v3r517y

μικροσκόπιο

m1cr05c0p3

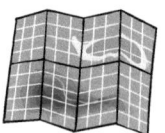

χάρτης

m4p

καλάθι αχρήστων

w4573-p4p3r b45k37

ταξίδι
7r4v3l

ξενοδοχείο
h073l
Grand
ξενώνας
h0573l
ROOMS
ανταλλακτήρια συναλλάγματος
curr3ncy 3xch4n63 0ff1c3
βαλίτσα
5u17c453
αυτοκίνητο
c4r

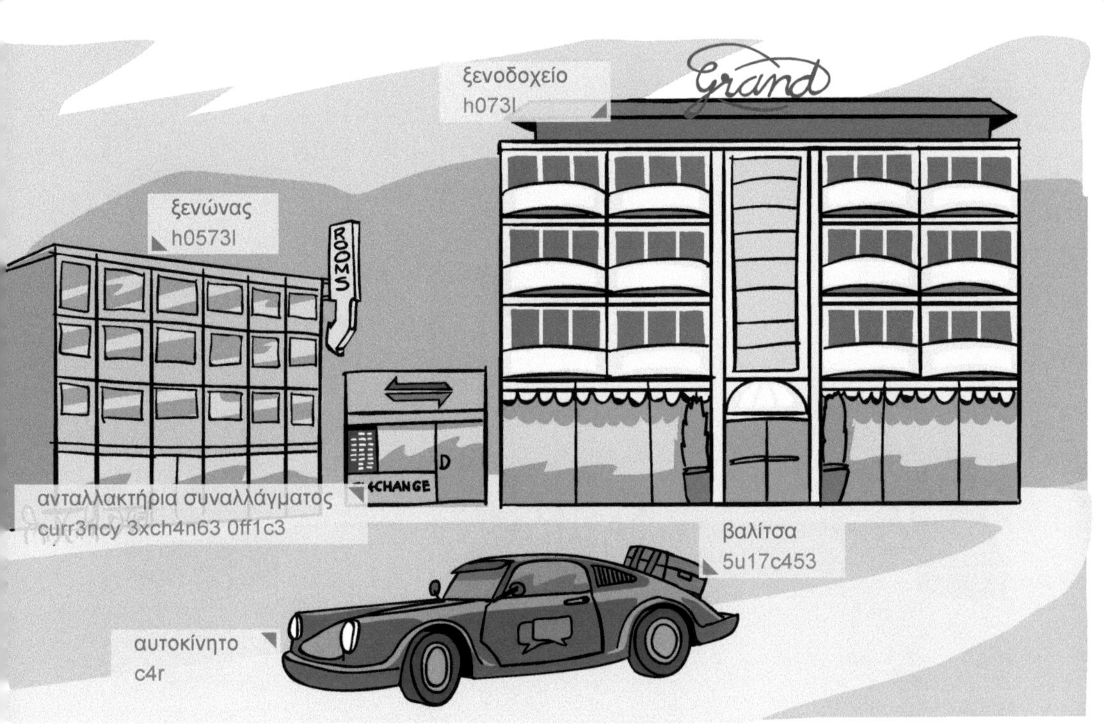

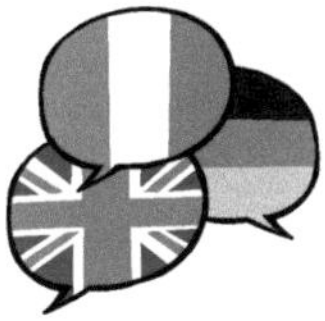

γλώσσα

l4n6u463

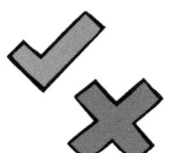

ναι / όχι

y35 / n0

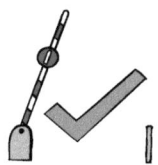

εντάξει

0k4y

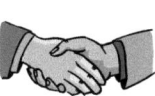

γεια σου

h3ll0

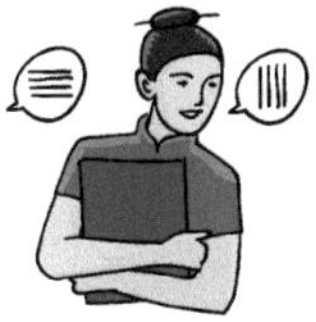

μεταφραστής

7r4n5l470r

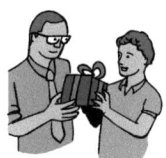

Ευχαριστώ

7h4nk y0u

πόσο κάνει ;

h0w much 15

Δε καταλαβαίνω

1 d0 n07 und3r574nd

πρόβλημα

pr0bl3m

Καλησπέρα!

600d 3v3n1n6!

Καλημέρα!

600d m0rn1n6!

Καληνύχτα!

600d n16h7!

Αντίο

600dby3

κατεύθυνση

d1r3c710n

αποσκευές

lu66463

τσάντα

b46

σακίδιο πλάτης

b4ckp4ck

καλεσμένος

6u357

δωμάτιο

r00m

υπνόσακος

5l33p1n6 b46

σκηνή

73n7

τουριστικές πληροφορίες

70ur157 1nf0rm4710n

παραλία

b34ch

πιστωτική κάρτα

cr3d17 c4rd

πρωινό

br34kf457

μεσημεριανό

lunch

δείπνο

d1nn3r

εισιτήριο

71ck37

ανελκυστήρας

3l3v470r

γραμματόσημο

574mp

σύνορα

b0rd3r

τελωνείο

cu570m5

πρεσβεία

3mb455y

βίζα

v154

διαβατήριο

p455p0r7

μεταφορά
7r4n5p0r7

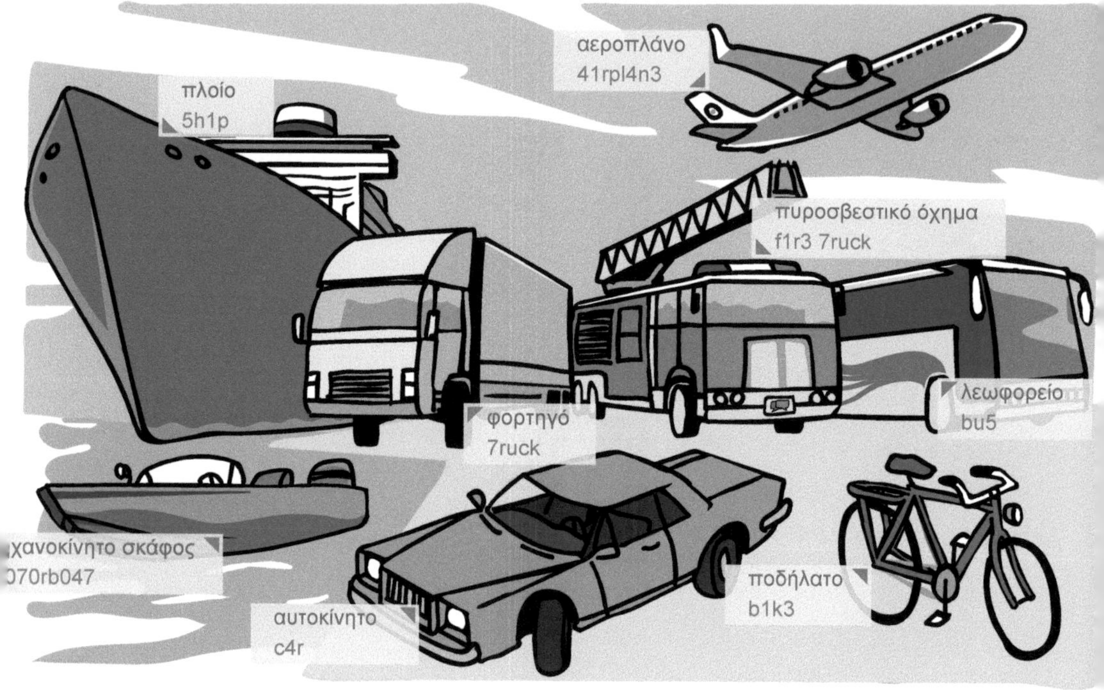
αεροπλάνο
41rpl4n3
πλοίο
5h1p
πυροσβεστικό όχημα
f1r3 7ruck
λεωφορείο
bu5
φορτηγό
7ruck
χανοκίνητο σκάφος
070rb047
ποδήλατο
b1k3
αυτοκίνητο
c4r

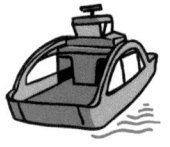

φεριμπότ

f3rry

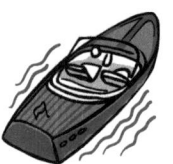

βάρκα

b047

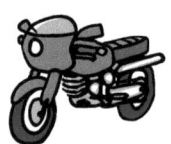

μοτοσικλέτα

m070rb1k3

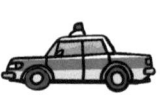

περιπολικό

p0l1c3 c4r

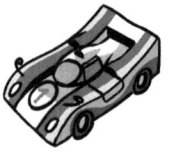

αγωνιστικό αυτοκίνητο

r4c1n6 c4r

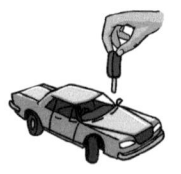

ενοικιαζόμενο αυτοκίνητο

r3n74l c4r

διαμοιρασμός αυτοκινήτων

c4r 5h4r1n6

γερανός

70w 7ruck

απορριμματοφόρο

64rb463 7ruck

κινητήρας

3n61n3

καύσιμο

fu3l

βενζινάδικο

fu3l 574710n

πινακίδα σήμανσης

7r4ff1c 516n

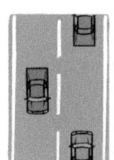

κυκλοφορία

7r4ff1c

κυκλοφοριακή συμφόρηση

7r4ff1c j4m

χώρος στάθμευσης

p4rk1n6 l07

σιδηροδρομικός σταθμός

7r41n 574710n

σιδηροδρομικές γραμμές

7r4ck5

τρένο

7r41n

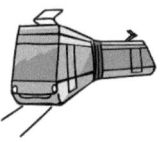

τραμ

7r4m

βαγόνι

w460n

ελικόπτερο

h3l1c0p73r

αεροδρόμιο

41rp0r7

πύργος

70w3r

επιβάτης

p4553n63r

εμπορευματοκιβώτιο

c0n741n3r

χαρτοκιβώτιο

c4r70n

καρότσι

c4r7

καλάθι

b45k37

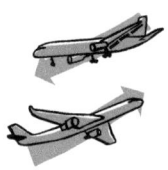

απογειώνομαι /
προσγειόνομαι

74k3 0ff / l4nd

πόλη
c17y

χωριό

v1ll463

κέντρο της πόλης

c17y c3n73r

σπίτι

h0u53

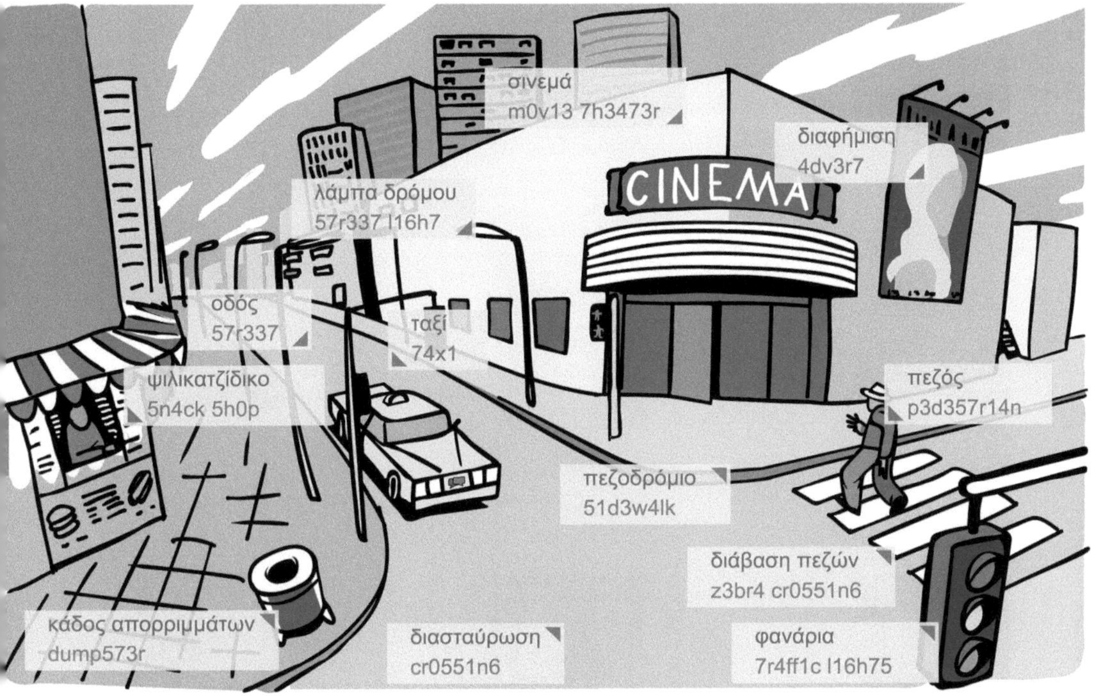

σινεμά
m0v13 7h3473r
διαφήμιση
4dv3r7
λάμπα δρόμου
57r337 l16h7
οδός
57r337
ταξί
74x1
ψιλικατζίδικο
5n4ck 5h0p
πεζός
p3d357r14n
πεζοδρόμιο
51d3w4lk
διάβαση πεζών
z3br4 cr0551n6
κάδος απορριμμάτων
dump573r
διασταύρωση
cr0551n6
φανάρια
7r4ff1c l16h75
CINEMA

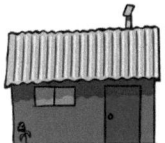

καλύβα

hu7

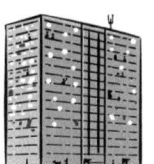

διαμέρισμα

4p4r7m3n7

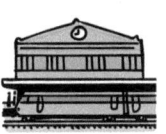

σιδηροδρομικός σταθμός

7r41n 574710n

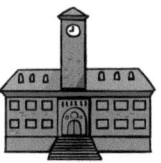

δημαρχείο

c17y h4ll

MUSEUM

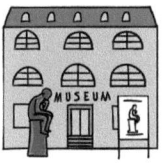

μουσείο

mu53um

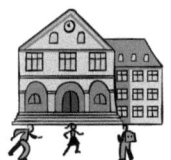

σχολείο

5ch00l

πανεπιστήμιο

un1v3r517y

τράπεζα

b4nk

νοσοκομείο

h05p174l

ξενοδοχείο

h073l

φαρμακείο

ph4rm4cy

γραφείο

0ff1c3

βιβλιοπωλείο

b00k 5h0p

κατάστημα

5h0p

ανθοπωλείο

fl0w3r 5h0p

σούπερ μάρκετ

5up3rm4rk37

αγορά

m4rk37

πολυκατάστημα

d3p4r7m3n7 570r3

ιχθυοπωλείο

f15hm0n63r'5 5h0p

εμπορικό κέντρο

m4ll

λιμάνι

h4rb0r

πάρκο

p4rk

παγκάκι

b3nch

γέφυρα

br1d63

σκάλες

5741r5

μετρό

5ubw4y

τούνελ

7unn3l

στάση λεωφορείου

bu5 570p

μπαρ

b4r

εστιατόριο

r3574ur4n7

γραμματοκιβώτιο

p057b0x

πινακίδα δρόμου

57r337 516n

παρκόμετρο

p4rk1n6 m373r

ζωολογικός κήπος

z00

πισίνα

5w1mm1n6 p00l

τζαμί

m05qu3

αγρόκτημα

f4rm

ρύπανση

p0llu710n

νεκροταφείο

c3m373ry

εκκλησία

church

παιδική χαρά

pl4y6r0und

ναός

73mpl3

τοπίο
l4nd5c4p3

φύλλο
l34f

πινακίδα κατεύθυνσης
516np057

δρόμος
p47h

λιβάδι
m34d0w

πέτρα
570n3

πεζοπόρος
h1k3r

δέντρο
7r33

ποτάμι
r1v3r

χορτάρι
6r455

λουλούδι
fl0w3r

κοιλάδα

v4ll3y

λόφος

h1ll

λίμνη

l4k3

δάσος

f0r357

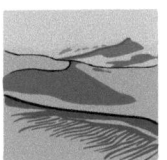

έρημος

d353r7

ηφαίστειο

v0lc4n0

κάστρο

c457l3

ουράνιο τόξο

r41nb0w

μανιτάρι

mu5hr00m

φοίνικας

p4lm 7r33

κουνούπι

m05qu170

μύγα

fly

μυρμήγκι

4n7

μέλισσα

b33

αράχνη

5p1d3r

σκαθάρι

b337l3

βάτραχος

fr06

σκίουρος

5qu1rr3l

σκαντζόχοιρος

h3d63h06

λαγός

h4r3

κουκουβάγια

0wl

πουλί

b1rd

κύκνος

5w4n

αγριογούρουνο

b04r

ελάφι

d33r

άλκη

m0053

φράγμα

d4m

ανεμογεννήτρια

w1nd 7urb1n3

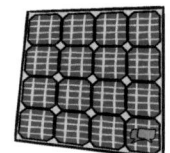

ηλιακός συλλέκτης

50l4r p4n3l

κλίμα

cl1m473

εστιατόριο
r3574ur4n7

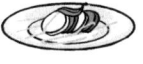

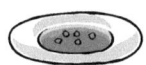

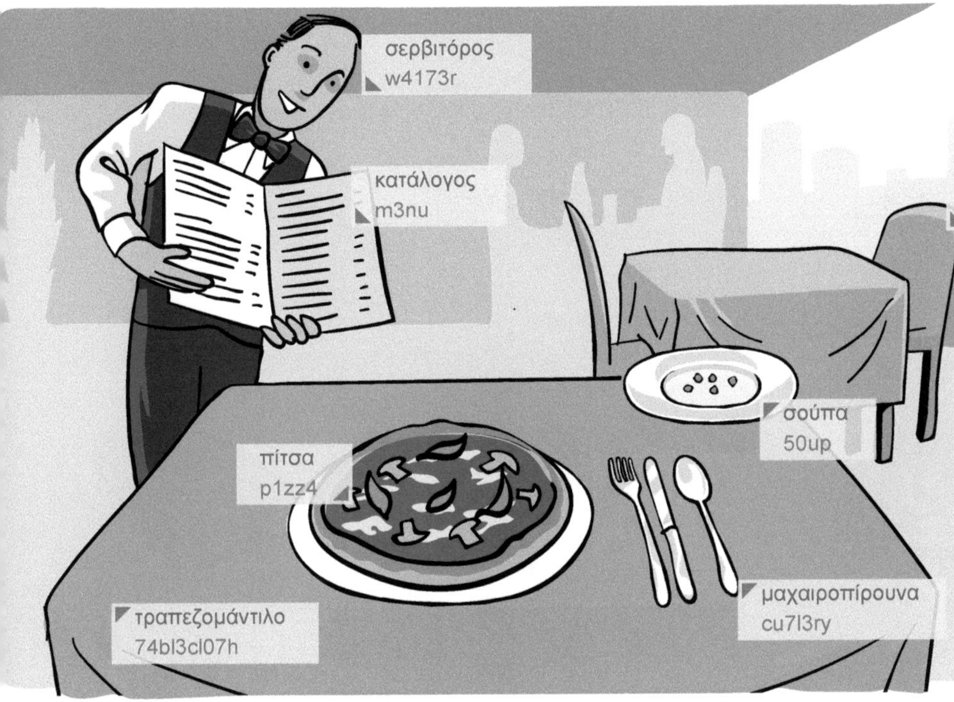
σερβιτόρος
w4173r
κατάλογος
m3nu
καρέκλα
ch41r
σούπα
50up
πίτσα
p1zz4
τραπεζομάντιλο
74bl3cl07h
μαχαιροπίρουνα
cu7l3ry

ορεκτικό

574r73r

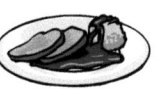

κύριο πιάτο

m41n c0ur53

επιδόρπιο

d3553r7

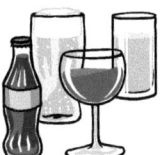

ποτά

dr1nk5

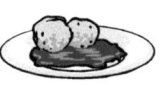

φαγητό

f00d

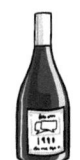

μπουκάλι

b077l3

φαστ φουντ

f457 f00d

φαγητό στ' όρθιο

57r337 f00d

τσαγιέρα

734p07

δοχείο ζάχαρης

5u64r b0wl

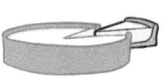

μερίδα

p0r710n

μηχανή εσπρέσο

35pr3550 m4ch1n3

ψηλή καρέκλα

h16h ch41r

λογαριασμός

b1ll

δίσκος

7r4y

μαχαίρι

kn1f3

πιρούνι

f0rk

κουτάλι

5p00n

κουταλάκι του τσαγιού

7345p00n

πετσέτα φαγητού

53rv13773

ποτήρι

6l455

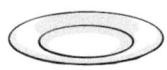

πιάτο

pl473

πιάτο σούπας

50up pl473

πιατάκι φλιτζανιού

54uc3r

σάλτσα

54uc3

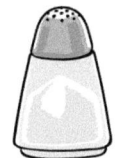

αλατιέρα

54l7 5h4k3r

μύλος για πιπέρι

p3pp3r m1ll

ξύδι

v1n364r

λάδι

01l

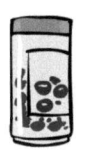

μπαχαρικά

5p1c35

κέτσαπ

k37chup

μουστάρδα

mu574rd

μαγιονέζα

m4y0nn4153

σούπερ μάρκετ

5up3rm4rk37

προσφορά
5p3c14l 0ff3r
FOR
πελάτης
cu570m3r
γαλακτοκομικά προϊόντα
d41ry pr0duc75
φρούτα
fru17
καρότσι για ψώνια
5h0pp1n6 c4r7

BUTCHERS

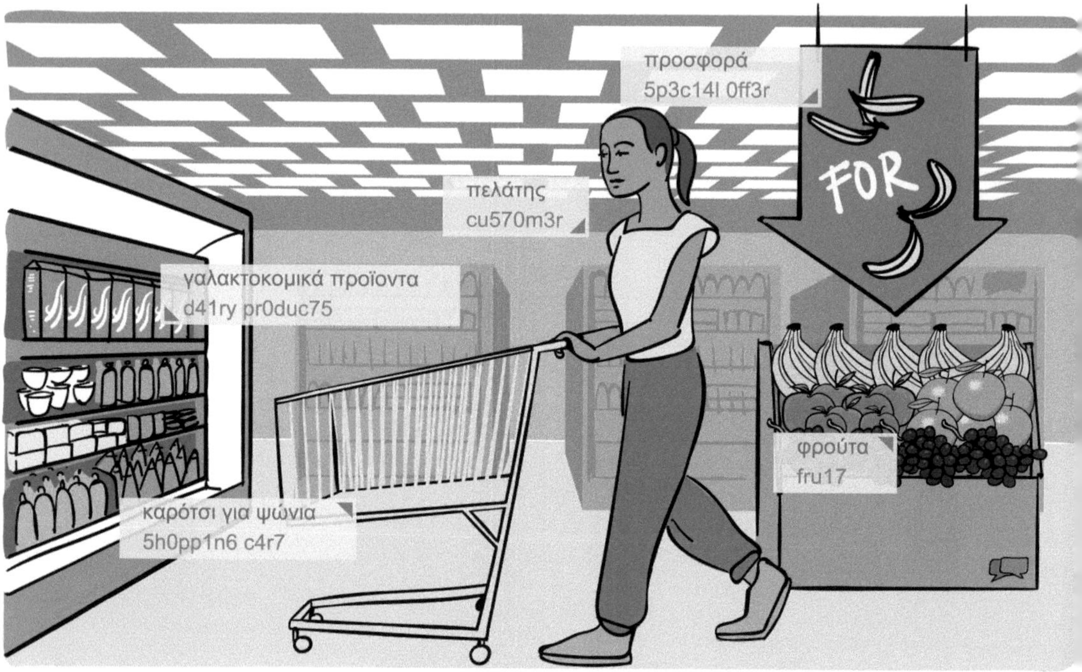

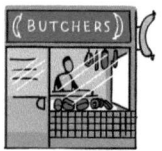

κρεοπωλείο

bu7ch3r'5 5h0p

BAKERY

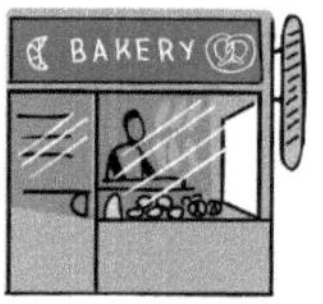

φούρνος

b4k3ry

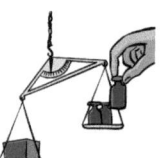

ζυγίζω

w316h

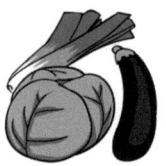

λαχανικά

v36374bl35

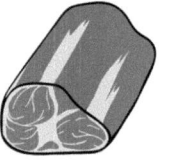

κρέας

m347

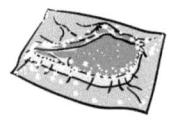

κατεψυγμένα τρόφιμα

fr0z3n f00d

αλλαντικά

c0ld cu75

κονσερβοποιημένη τροφή

c4nn3d f00d

απορρυπαντικό ρούχων

d373r63n7

γλυκά

c4ndy

οικιακά είδη

h0u53h0ld pr0duc75

καθαριστικά προϊόντα

cl34n1n6 pr0duc75

πωλήτρια

54l35 r3pr353n7471v3

ταμείο

c45h r361573r

ταμίας

c45h13r

λίστα για ψώνια

5h0pp1n6 l157

ωράριο λειτουργίας

0p3n1n6 h0ur5

πορτοφόλι

w4ll37

πιστωτική κάρτα

cr3d17 c4rd

τσάντα

b46

πλαστική σακούλα

pl4571c b46

νερό

w473r

χυμός

ju1c3

γάλα

m1lk

κόκα κόλα

c0k3

κρασί

w1n3

μπίρα

b33r

αλκοόλ

4lc0h0l

κακάο

c0c04

τσάι

734

καφές

c0ff33

εσπρέσο

35pr3550

καπουτσίνο

c4ppucc1n0

μπανάνα

b4n4n4

μήλο

4ppl3

πορτοκάλι

0r4n63

πεπόνι

m3l0n

λεμόνι

l3m0n

καρότο

c4rr07

σκόρδο

64rl1c

μπαμπού

b4mb00

κρεμμύδι

0n10n

μανιτάρι

mu5hr00m

ξηροί καρποί

nu75

νουντλς

n00dl35

μακαρόνια

5p46h3771

ρύζι

r1c3

σαλάτα

54l4d

πατατάκια

fr135

τηγανητές πατάτες

fr13d p0747035

πίτσα

p1zz4

χάμπουργκερ

h4mbur63r

σάντουιτς

54ndw1ch

κοτολέτα

35c4l0p3

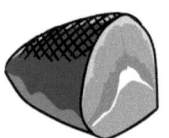

ζαμπόν

h4m

σαλάμι

54l4m1

λουκάνικο

54u5463

κοτόπουλο

ch1ck3n

ψητό

r0457

ψάρι

f15h

χυλός βρώμης

p0rr1d63 0475

μούσλι

mu35l1

κορν φλέικς

c0rnfl4k35

αλεύρι

fl0ur

κρουασάν

cr01554n7

ψωμάκι

br34d r0ll

ψωμί

br34d

τοστ

70457

μπισκότα

c00k135

βούτυρο

bu773r

τυρόπηγμα

curd

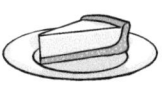

κέικ

c4k3

αυγό

366

τηγανητό αυγό

fr13d 366

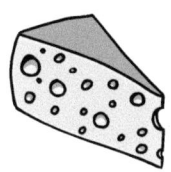

τυρί

ch3353

παγωτό

1c3 cr34m

ζάχαρη

5u64r

μέλι

h0n3y

μαρμελάδα

j3lly

άλλειμμα σοκολάτας

n0u647 cr34m

κάρυ

curry

αγρόκτημα
f4rm

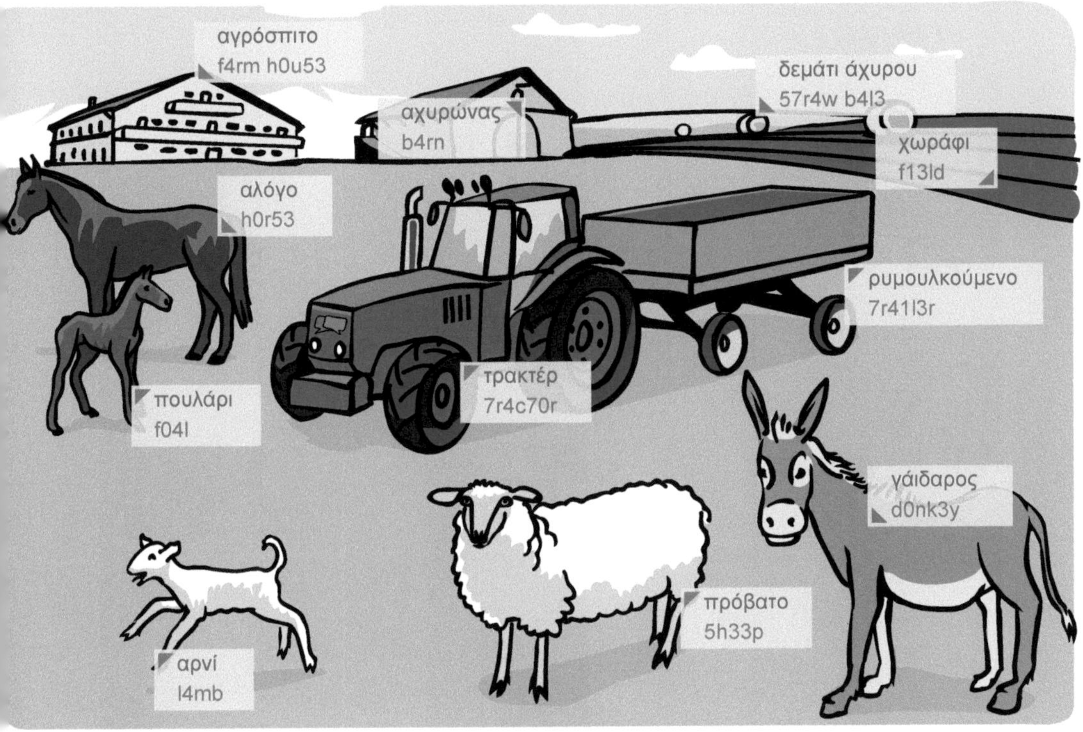

αγρόσπιτο
f4rm h0u53
αχυρώνας
b4rn
δεμάτι άχυρου
57r4w b4l3
χωράφι
f13ld
αλόγο
h0r53
ρυμουλκούμενο
7r41l3r
πουλάρι
f04l
τρακτέρ
7r4c70r
γάιδαρος
d0nk3y
πρόβατο
5h33p
αρνί
l4mb

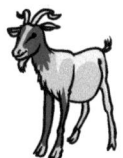

κατσίκα

6047

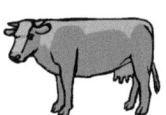

αγελάδα

c0w

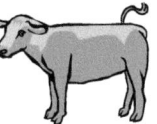

μοσχαράκι

c4lf

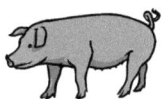

γουρούνι

p16

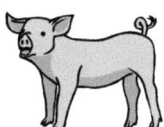

γουρουνάκι

p16l37

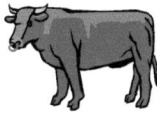

ταύρος

bull

χήνα

60053

πάπια

duck

κοτοπουλάκι

ch1ck

κότα

h3n

κόκορας

c0ck3r3l

αρουραίος

r47

γάτα

c47

ποντίκι

m0u53

βόδι

0x

σκύλος

d06

σπιτάκι σκύλου

d06 h0u53

λάστιχο κήπου

64rd3n h053

ποτιστήρι

w473r1n6 c4n

θεριστήρι

5cy7h3

αλέτρι

pl0u6h

δρεπάνι

51ckl3

τσάπα

h03

δίκρανο

p17chf0rk

τσεκούρι

4x3

χειράμαξα

pu5hc4r7

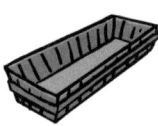

ταΐστρα

7r0u6h

δοχείο γάλακτος

m1lk c4n

σάκος

54ck

φράχτης

f3nc3

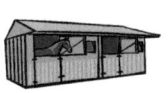

στάβλος

574bl3

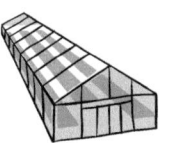

θερμοκήπιο

6r33nh0u53

έδαφος

501l

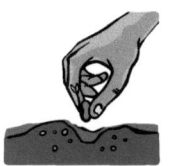

σπόρος

533d

λίπασμα

f3r71l1z3r

θεριζοαλωνιστική μηχανή

c0mb1n3 h4rv3573r

θερίζω

h4rv357

συγκομιδή

h4rv357

γιαμς

y4m5

σιτάρι

wh347

σόγια

50y4

πατάτα

p07470

καλαμπόκι

c0rn

κράμβη

r4p3533d

οπωροφόρο δέντρο

fru17 7r33

μανιόκα

m4n10c

δημητριακά

6r41n

σπίτι
h0u53

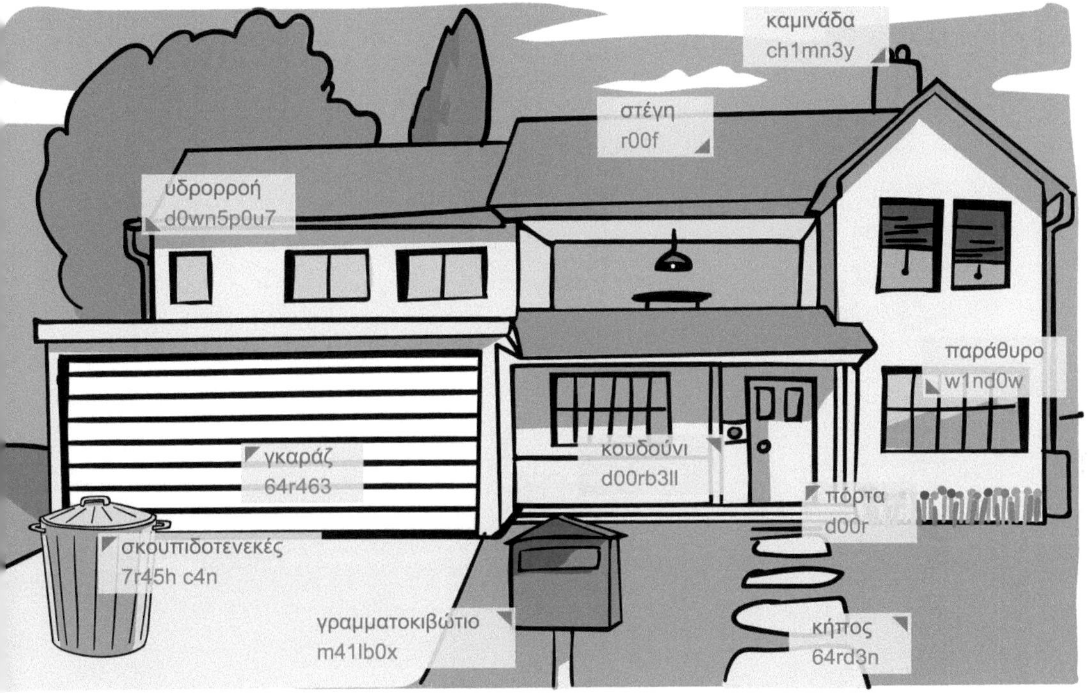

καμινάδα
ch1mn3y
στέγη
r00f
υδρορροή
d0wn5p0u7
παράθυρο
w1nd0w
γκαράζ
64r463
κουδούνι
d00rb3ll
πόρτα
d00r
σκουπιδοτενεκές
7r45h c4n
γραμματοκιβώτιο
m41lb0x
κήπος
64rd3n

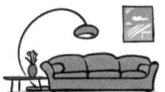

σαλόνι

l1v1n6 r00m

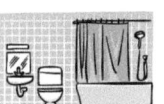

μπάνιο

b47hr00m

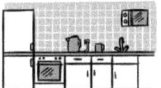

κουζίνα

k17ch3n

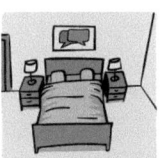

υπνοδωμάτιο

b3dr00m

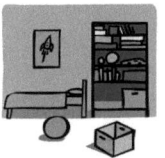

παιδικό δωμάτιο

ch1ld'5 r00m

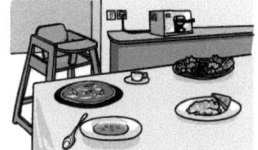

τραπεζαρία

d1n1n6 r00m

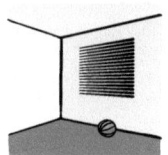

πάτωμα

fl00r

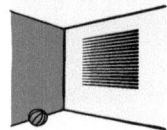

τοίχος

w4ll

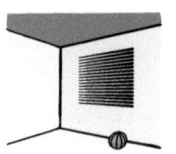

οροφή

c31l1n6

κελάρι

c3ll4r

σάουνα

54un4

μπαλκόνι

b4lc0ny

βεράντα

73rr4c3

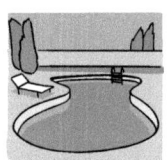

πισίνα

p00l

μηχανή του γκαζόν

l4wn m0w3r

σεντόνι

5h337

κάλυμμα κρεβατιού

b3d5pr34d

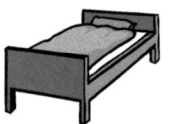

κρεβάτι

b3d

σκούπα

br00m

κουβάς

buck37

διακόπτης

5w17ch

σαλόνι
l1v1n6 r00m

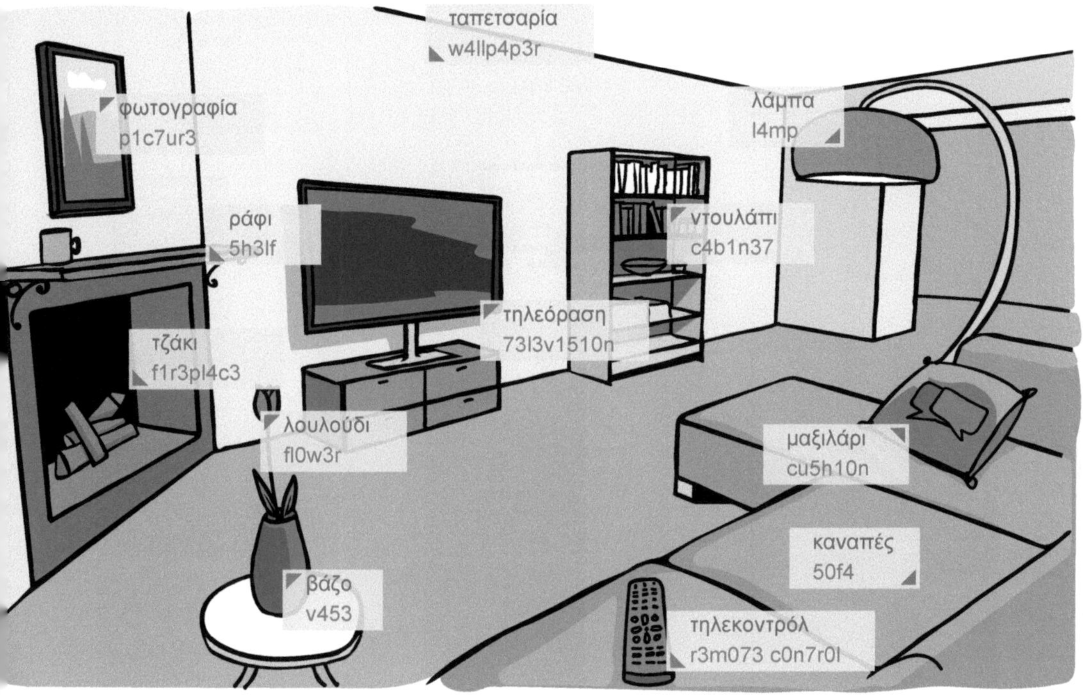
ταπετσαρία
w4llp4p3r
φωτογραφία
p1c7ur3
λάμπα
l4mp
ράφι
5h3lf
ντουλάπι
c4b1n37
τηλεόραση
73l3v1510n
τζάκι
f1r3pl4c3
λουλούδι
fl0w3r
μαξιλάρι
cu5h10n
καναπές
50f4
βάζο
v453
τηλεκοντρόλ
r3m073 c0n7r0l

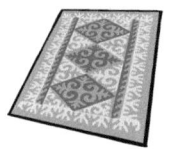

χαλί

c4rp37

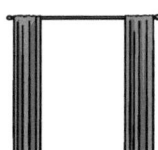

κουρτίνα

dr4p3

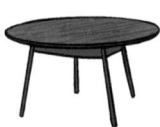

τραπέζι

74bl3

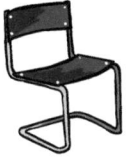

καρέκλα

ch41r

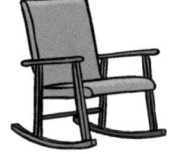

κουνιστή πολυθρόνα

r0ck1n6 ch41r

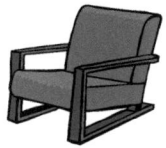

πολυθρόνα

4rmch41r

βιβλίο

b00k

κουβέρτα

bl4nk37

διακόσμηση

d3c0r4710n

καυσόξυλα

f1r3w00d

ταινία

f1lm

στερεοφωνικό σύστημα

573r30 5y573m

κλειδί

k3y

εφημερίδα

n3w5p4p3r

πίνακας ζωγραφικής

p41n71n6

αφίσα

p0573r

ραδιόφωνο

r4d10

σημειωματάριο

n073b00k

ηλεκτρική σκούπα

v4cuum cl34n3r

κάκτος

c4c7u5

κερί

c4ndl3

κουζίνα
k17ch3n

ψυγείο
fr1d63
φούρνος μικροκυμάτων
m1cr0w4v3 0v3n
ζυγαριά κουζίνας
k17ch3n 5c4l35
τοστιέρα
704573r
απορρυπαντικό
cl34n1n6 463n7
φούρνος
570v3
κατάψυξη
fr33z3r
σκουπιδοτενεκές
7r45h c4n
πλυντήριο πιάτων
d15hw45h3r

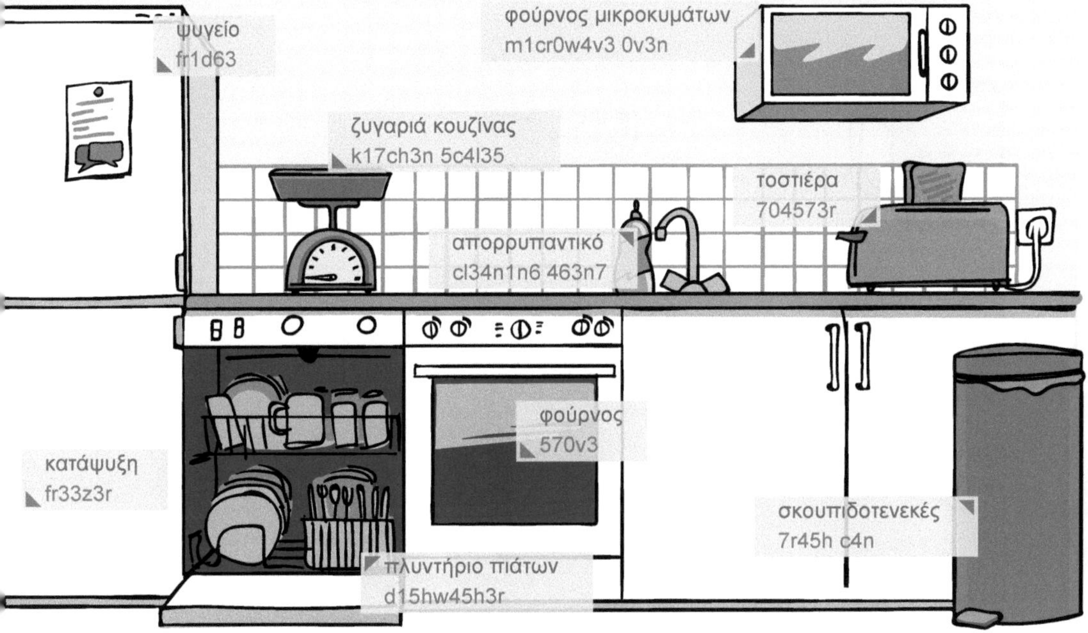

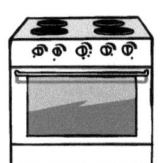

κουζίνα

c00k3r

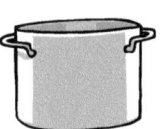

κατσαρόλα

p07

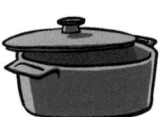

μαντεμένια κατσαρόλα

c457-1r0n p07

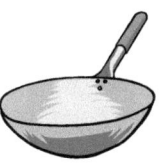

γουόκ/καντάι

w0k / k4d41

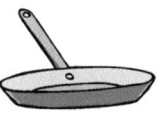

τηγάνι

p4n

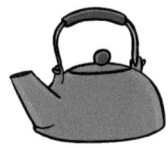

βραστήρας

k377l3

ατμομάγειρας

5734m3r

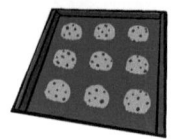

ταψί

b4k1n6 7r4y

πιατικά

cr0ck3ry

κούπα

mu6

μπολ

b0wl

ξυλάκια

ch0p571ck5

κουτάλα

l4dl3

σπάτουλα

5p47ul4

ανακατεύω

wh15k

σουρωτήρι

57r41n3r

σουρωτηράκι

513v3

τρίφτης

6r473r

γουδί

m0r74r

ψησταριά

b4rb3cu3

ανοιχτή φωτιά

f1r3pl4c3

σανίδα κοπής

chOpp1n6 b04rd

πλάστης

r0ll1n6 p1n

ανοιχτήρι φελλών

c0rk5cr3w

κονσέρβα

c4n

ανοιχτήρι κονσέρβας

c4n 0p3n3r

γάντι φούρνου

0v3n cl07h

νεροχύτης

51nk

βούρτσα

bru5h

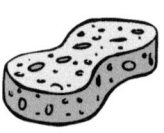

σφουγγάρι

5p0n63

μπλέντερ

bl3nd3r

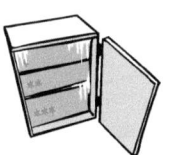

καταψύκτης

d33p fr33z3r

μπιμπερό

b4by b07713

βρύση

74p

μπάνιο

b47hr00m

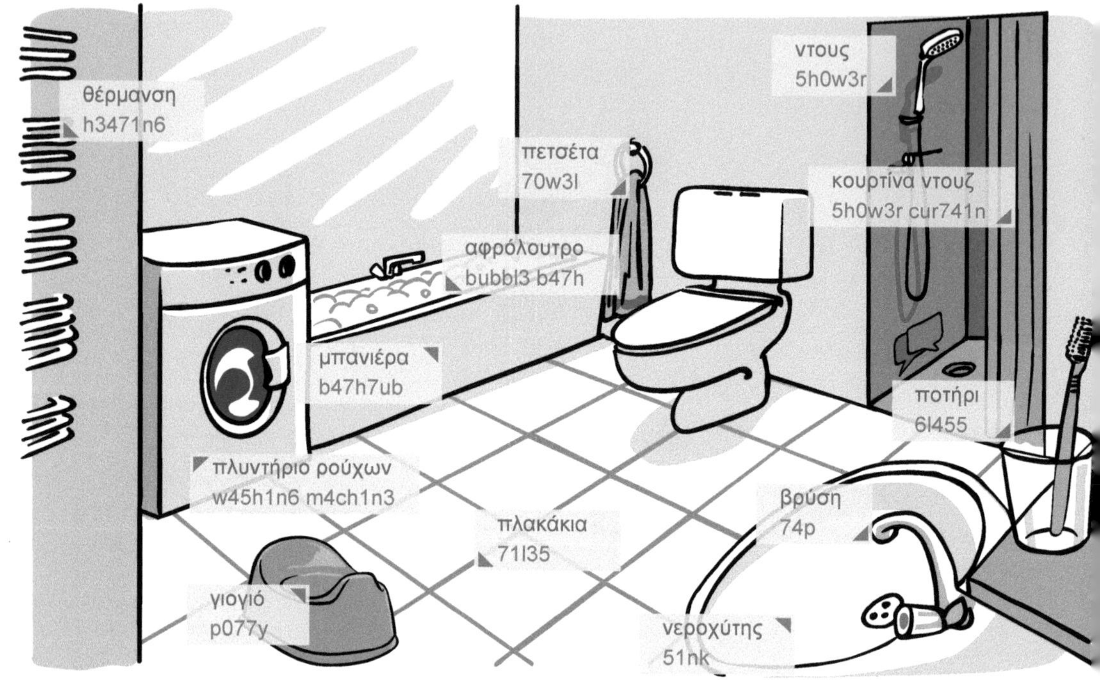

θέρμανση
h3471n6
πετσέτα
70w3l
ντους
5h0w3r
κουρτίνα ντουζ
5h0w3r cur741n
αφρόλουτρο
bubbl3 b47h
μπανιέρα
b47h7ub
ποτήρι
6l455
πλυντήριο ρούχων
w45h1n6 m4ch1n3
βρύση
74p
πλακάκια
71l35
γιογιό
p077y
νεροχύτης
51nk

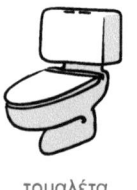

τουαλέτα

701l37

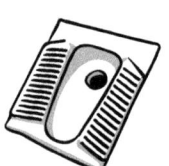

τούρκικη τουαλέτα

5qu47 701l37

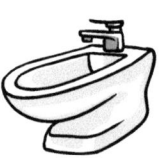

μπιντές

b1d37

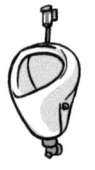

ουρητήριο

ur1n4l

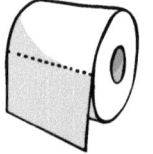

χαρτί υγείας

701l37 p4p3r

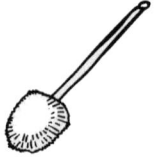

πιγκάλ

701l37 bru5h

οδοντόβουρτσα

7007hbru5h

οδοντόκρεμα

7007hp4573

οδοντικό νήμα

d3n74l fl055

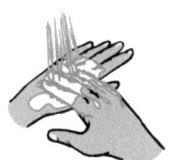

πλένω

w45h

τηλέφωνο ντους

h4nd 5h0w3r

ντουσιέρα

d0uch3

λεκάνη

b451n

βούρτσα πλάτης

b4ck bru5h

σαπούνι

504p

αφρόλουτρο

5h0w3r 63l

σαμπουάν

5h4mp00

φανέλα

fl4nn3l

σιφόνι

dr41n

κρέμα

cr3m3

αποσμητικό

d30d0r4n7

καθρέφτης

m1rr0r

καθρέφτης χειρός

h4nd m1rr0r

ξυραφάκι

r4z0r

αφρός ξυρίσματος

5h4v1n6 f04m

αφτερσέιβ

4f73r5h4v3

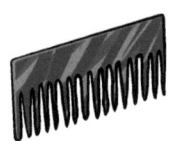

χτένα

c0mb

βούρτσα

bru5h

σεσουάρ

h41r-dry3r

λακ

h41r5pr4y

μακιγιάζ

m4k3up

κραγιόν

l1p571ck

βερνίκι νυχιών

n41l v4rn15h

βαμβάκι

c0770n w00l

ψαλίδι νυχιών

n41l 5c1550r5

άρωμα

p3rfum3

νεσεσέρ
w45hb46

σκαμπό
5700l

ζυγαριά
w316h1n6 5c4l35

μπουρνούζι
b47hr0b3

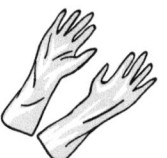

ελαστικά γάντια
rubb3r 6l0v35

ταμπόν
74mp0n

πετσέτα υγιεινής
54n174ry 70w3l

χημική τουαλέτα
ch3m1c4l 701l37

παιδικό δωμάτιο

ch1ld'5 r00m

ξυπνητήρι
4l4rm cl0ck
λούτρινο ζωάκι
cuddly 70y
αυτοκινητάκι
70y c4r
κουδουνίστρα
r477l3
κουκλόσπιτο
d0ll'5 h0u53
δώρο
pr353n7

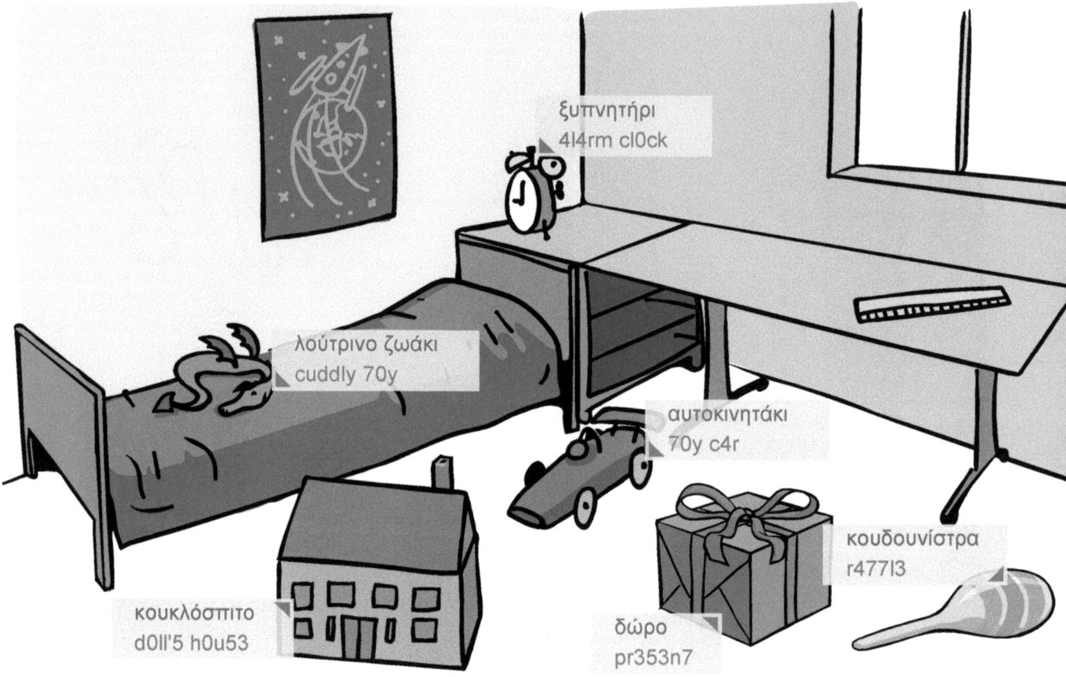

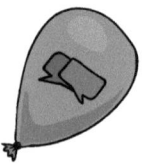

μπαλόνι

b4ll00n

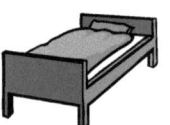

κρεβάτι

b3d

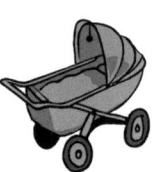

καροτσάκι

57r0ll3r

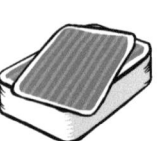

τράπουλα

d3ck 0f c4rd5

παζλ

j1654w

SUPER
MEGA

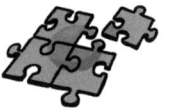

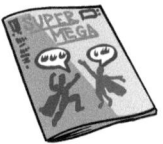

κόμικς

c0m1c

τουβλάκια lego

l360 br1ck5

τουβλάκια κατασκευών

70y bl0ck5

φιγούρα δράσης

4c710n f16ur3

βρεφικό φορμάκι

r0mp3r 5u17

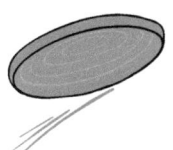

φρίσμπι

fr15b33

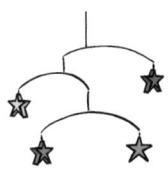

μόμπιλο

m0b1l3

επιτραπέζιο παιχνίδι

b04rd 64m3

ζάρια

d1c3

σετ τρενάκι

m0d3l 7r41n 537

πιπίλα

dummy

πάρτι

p4r7y

εικονογραφημένο βιβλίο

p1c7ur3 b00k

μπάλα

b4ll

κούκλα

d0ll

παίζω

pl4y

σκάμμα με άμμο

54ndp17

κούνια

5w1n6

παιχνίδια

70y

κονσόλα βιντεοπαιχνιδιών

v1d30 64m3 c0n50l3

τρίκυκλο

7r1cycl3

αρκουδάκι

73ddy b34r

ντουλάπα

w4rdr0b3

ρούχα
cl07h1n6

κάλτσες

50ck5

καλτσοδέτες

570ck1n65

καλσόν

716h75

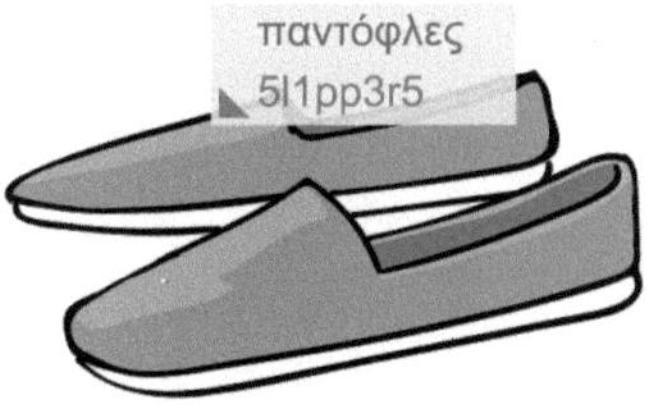

κασκόλ
5c4rf

ομπρέλα
umbr3ll4

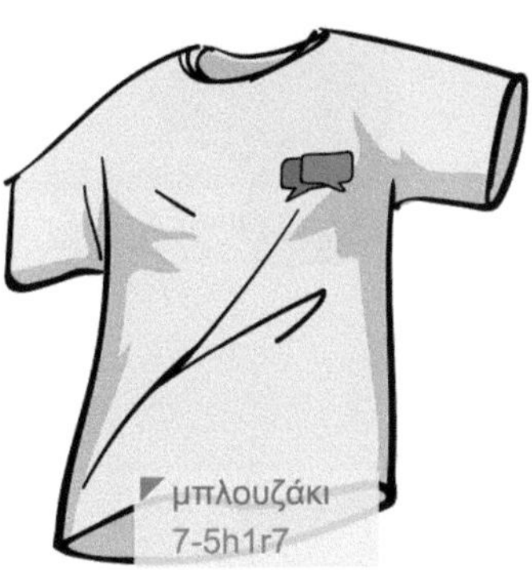

μπλουζάκι
7-5h1r7

ζώνη
b3l7

μπότες
b0075

παντόφλες
5l1pp3r5

αθλητικά παπούτσια
5n34k3r5

σανδάλια
·················
54nd4l5

παπούτσια
·················
5h035

γαλότσες
·················
rubb3r b0075

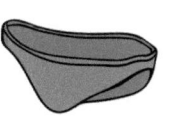

εσώρουχο
·················
br13f5

σουτιέν
·················
br4

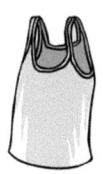

φανέλα
·················
und3r5h1r7

σώμα

b0dy

παντελόνι

p4n75

τζιν παντελόνι

j34n5

φούστα

5k1r7

μπλούζα

bl0u53

πουκάμισο

5h1r7

πουλόβερ

pull0v3r

πουλόβερ

5w3473r

σακάκι

bl4z3r

μπουφάν

j4ck37

παλτό

c047

αδιάβροχο πανωφόρι

r41nc047

κοστούμι

c057um3

φόρεμα

dr355

νυφικό

w3dd1n6 dr355

κοστούμι
5u17

νυχτικό
n16h760wn

πιτζάμες
p4j4m45

σάρι
54r1

μαντήλι
h34d5c4rf

τουρμπάνι
7urb4n

μπούρκα
burk4

καφτάνι
k4f74n

μουσουλμανικό ένδυμα
4b4y4

ολόσωμο μαγιό
5w1m5u17

ανδρικό μαγιό
7runk5

σορτς
5h0r75

αθλητική φόρμα
7r4ck5u17

ποδιά
4pr0n

γάντια
6l0v35

κουμπί

bu770n

γυαλιά

6l45535

βραχιόλι

br4c3l37

περιδέραιο

n3ckl4c3

δαχτυλίδι

r1n6

σκουλαρίκι

34rr1n6

καπέλο

c4p

κρεμάστρα

c047 h4n63r

καπέλο

h47

γραβάτα

713

φερμουάρ

z1p

κράνος

h3lm37

τιράντες

br4c35

μαθητική στολή

5ch00l un1f0rm

στολή

un1f0rm

48   ρούχα - cl07h1n6

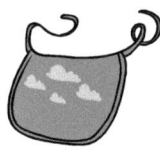

σαλιάρα

b1b

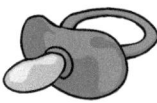

πιπίλα

dummy

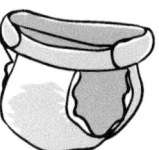

πάνα

d14p3r

γραφείο
0ff1c3

σέρβερ
53rv3r
αρχειοθήκη
f1l1n6 c4b1n37
χαρτί
p4p3r
εκτυπωτής
pr1n73r
οθόνη
m0n170r
ποντίκι
m0u53
γραφείο
d35k
ντοσιέ
f0ld3r
πληκτρολόγιο
k3yb04rd
καλάθι αχρήστων
w4573-p4p3r b45k37
υπολογιστής
c0mpu73r
καρέκλα
ch41r

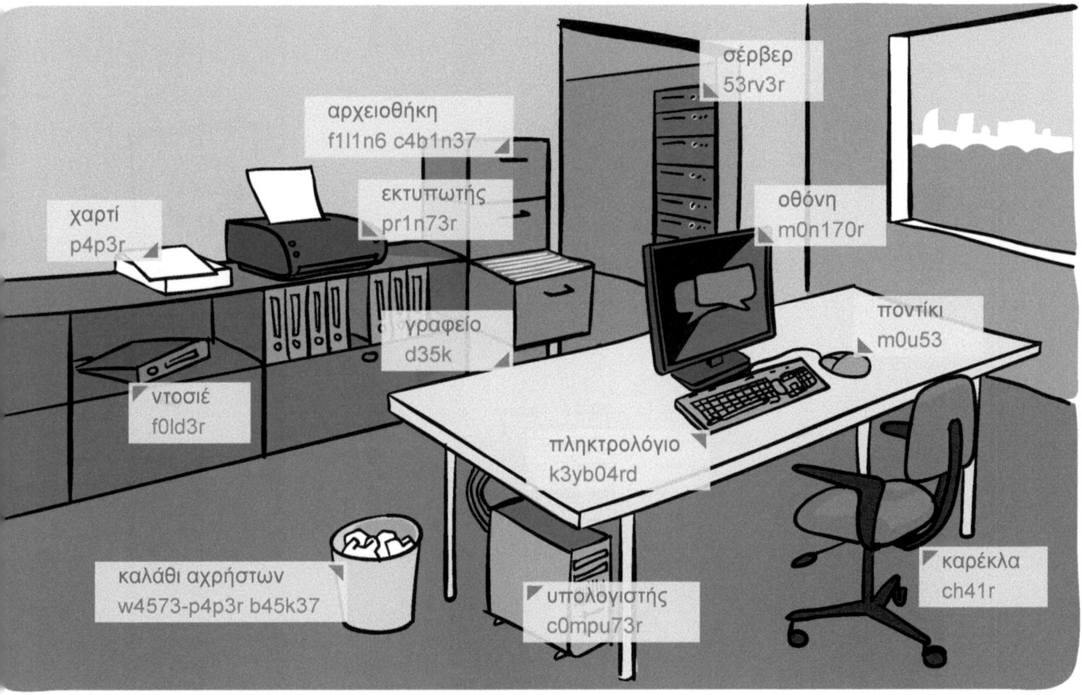

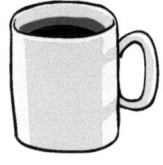

κούπα του καφέ

c0ff33 mu6

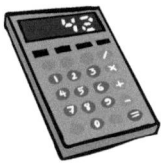

κομπιουτεράκι

c4lcul470r

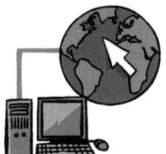

ίντερνετ

1n73rn37

λάπτοπ

l4p70p

γράμμα

l3773r

μήνυμα

m355463

κινητό

c3ll ph0n3

δίκτυο

n37w0rk

φωτοτυπικό μηχάνημα

ph070c0p13r

λογισμικό

50f7w4r3

τηλέφωνο

73l3ph0n3

πρίζα

plu6 50ck37

συσκευή φαξ

f4x m4ch1n3

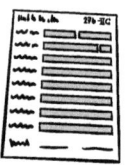

έντυπο

f0rm

έγγραφο

d0cum3n7

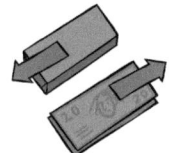

αγοράζω

buy

πληρώνω

p4y

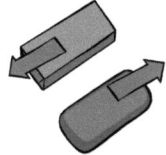

συναλλάσσομαι

7r4d3

χρήματα

m0n3y

 USD

δολάριο

d0ll4r

 EUR

ευρώ

3ur0

 JPY

γιεν

y3n

 RUB

ρούβλι

r0ubl3

 CHF

ελβετικό φράγκο

5w155 fr4nc

 CNY

ρενμίνμπι γιουάν

r3nm1nb1 yu4n

 INR

ρουπία

rup33

ATM (αυτόματη ταμειακή μηχανή)

c45h p01n7

ανταλλακτήρια
συναλλάγματος
curr3ncy 3xch4n63 0ff1c3

χρυσός
60ld

ασήμι
51lv3r

πετρέλαιο
01l

ενέργεια
3n3r6y

τιμή
pr1c3

συμβόλαιο
c0n7r4c7

φόρος
74x

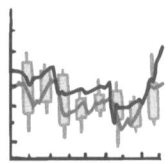

μετοχή
570ck

δουλεύω
w0rk

υπάλληλος
3mpl0y33

εργοδότης
3mpl0y3r

εργοστάσιο
f4c70ry

κατάστημα
5h0p

επαγγέλματα
0ccup4710n5

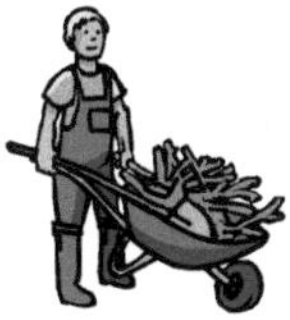

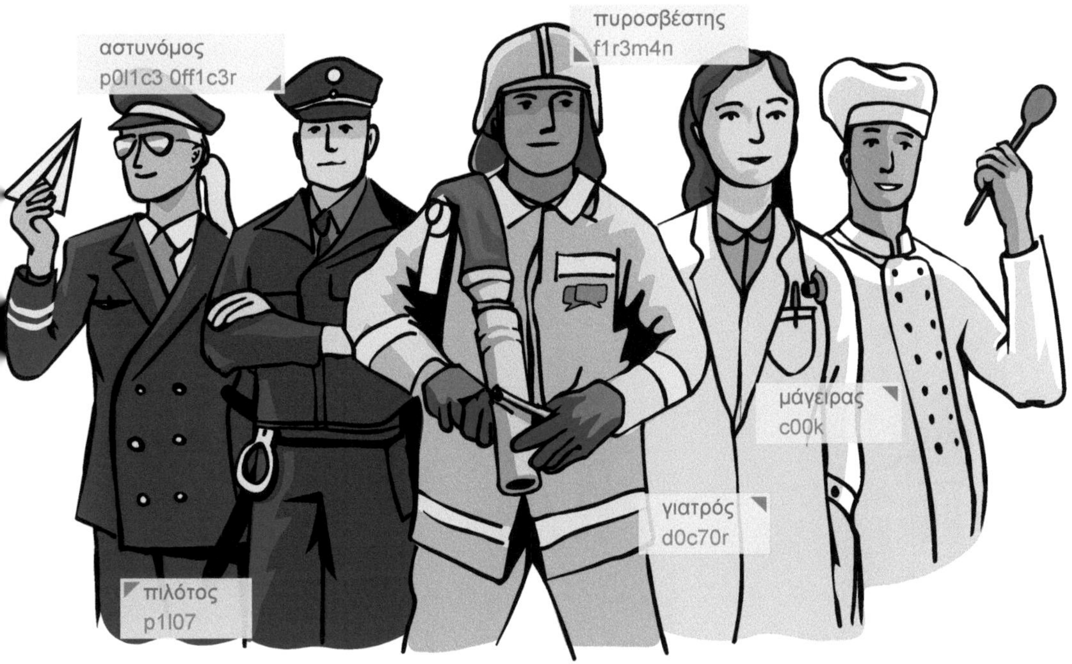
αστυνόμος
p0l1c3 0ff1c3r
πυροσβέστης
f1r3m4n
μάγειρας
c00k
γιατρός
d0c70r
πιλότος
p1l07

κηπουρός

64rd3n3r

ξυλουργός

c4rp3n73r

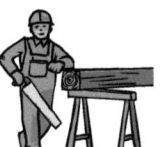

μοδίστρα

534m57r355

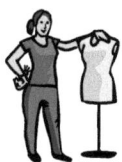

δικαστής

jud63

χημικός

ch3m157

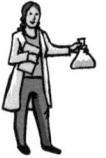

ηθοποιός

4c70r

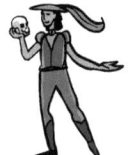

οδηγός λεωφορείου

bu5 dr1v3r

ταξιτζής

74x1 dr1v3r

ψαράς

f15h3rm4n

καθαρίστρια

cl34n1n6 l4dy

τεχνίτης στεγών

r00f3r

σερβιτόρος

w4173r

κυνηγός

hun73r

ζωγράφος

p41n73r

αρτοποιός

b4k3r

ηλεκτρολόγος

3l3c7r1c14n

οικοδόμος

bu1ld3r

μηχανολόγος

3n61n33r

κρεοπώλης

bu7ch3r

υδραυλικός

plumb3r

ταχυδρόμος

p057m4n

στρατιώτης
50ld13r

αρχιτέκτονας
4rch173c7

ταμίας
c45h13r

ανθοπώλης
fl0r157

κομμωτής
h41rdr3553r

ελεγκτής εισιτηρίων
c0nduc70r

μηχανικός
m3ch4n1c

καπετάνιος
c4p741n

οδοντίατρος
d3n7157

επιστήμονας
5c13n7157

ραβίνος
r4bb1

ιμάμης
1m4m

μοναχός
m0nk

ιερέας
p4570r

εργαλεία
700l5

πένσα
pl13r5
σφυρί
h4mm3r
κατσαβίδι
5cr3wdr1v3r
φακός
70rch
Γαλλικό κλειδί
wr3nch

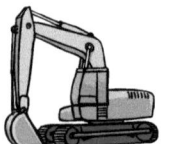

εκσκαφέας

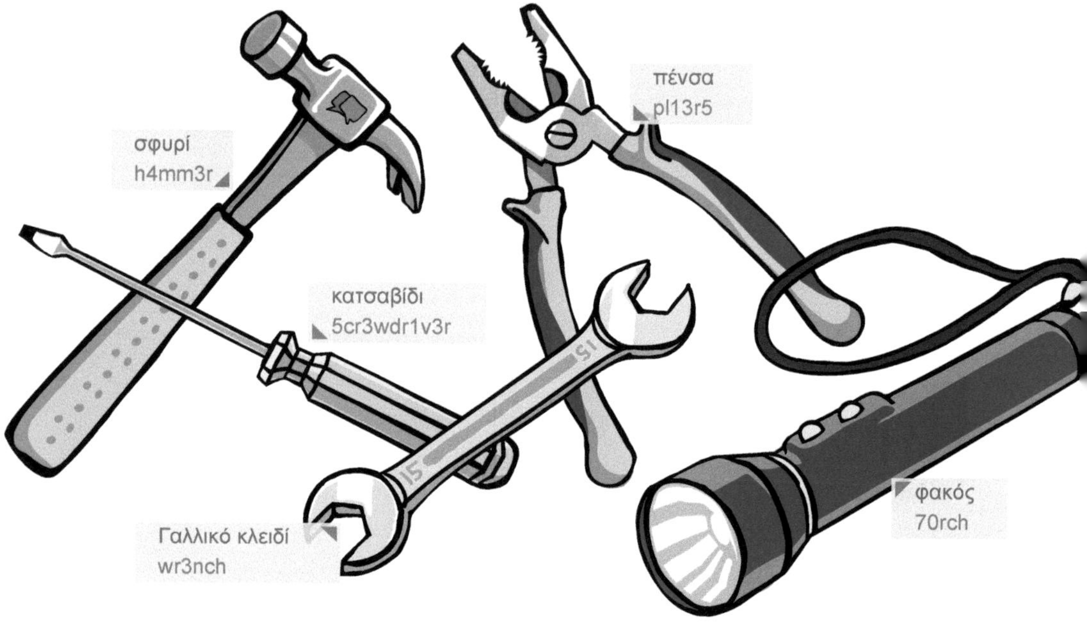

3xc4v470r

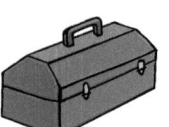

εργαλειοθήκη

700lb0x

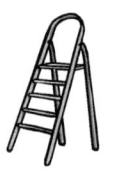

σκάλα

l4dd3r

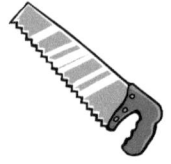

πριόνι

54w

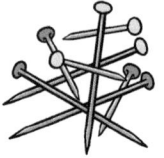

καρφιά

n41l5

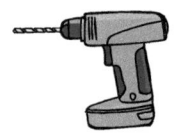

τρυπάνι

dr1ll

επισκευάζω

r3p41r

φτυάρι

5h0v3l

Να πάρει!

d4mn!

φαράσι

du57p4n

δοχείο χρωμάτων

p41n7 c4n

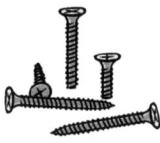

βίδες

5cr3w5

μουσικά όργανα
mu51c4l 1n57rum3n75

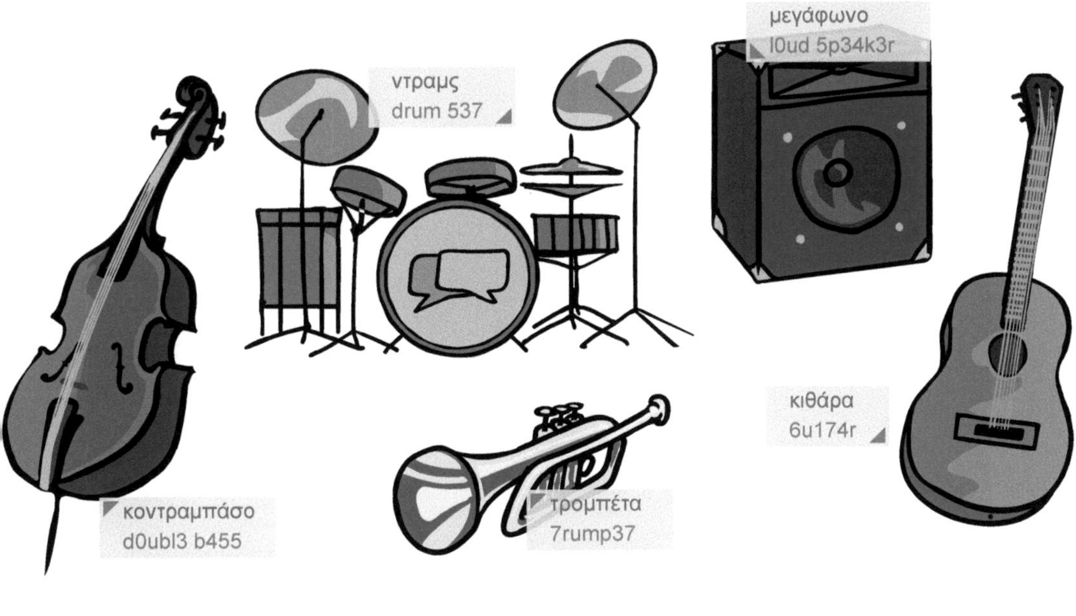

ντραμς
drum 537

μεγάφωνο
l0ud 5p34k3r

κιθάρα
6u174r

κοντραμπάσο
d0ubl3 b455

τρομπέτα
7rump37

πιάνο

p14n0

βιολί

v10l1n

μπάσο

b455

τύμπανα

71mp4n1

τύμπανο

drum5

πλήκτρα

k3yb04rd

σαξόφωνο

54x0ph0n3

φλάουτο

flu73

μικρόφωνο

m1cr0ph0n3

ζωολογικός κήπος
z00

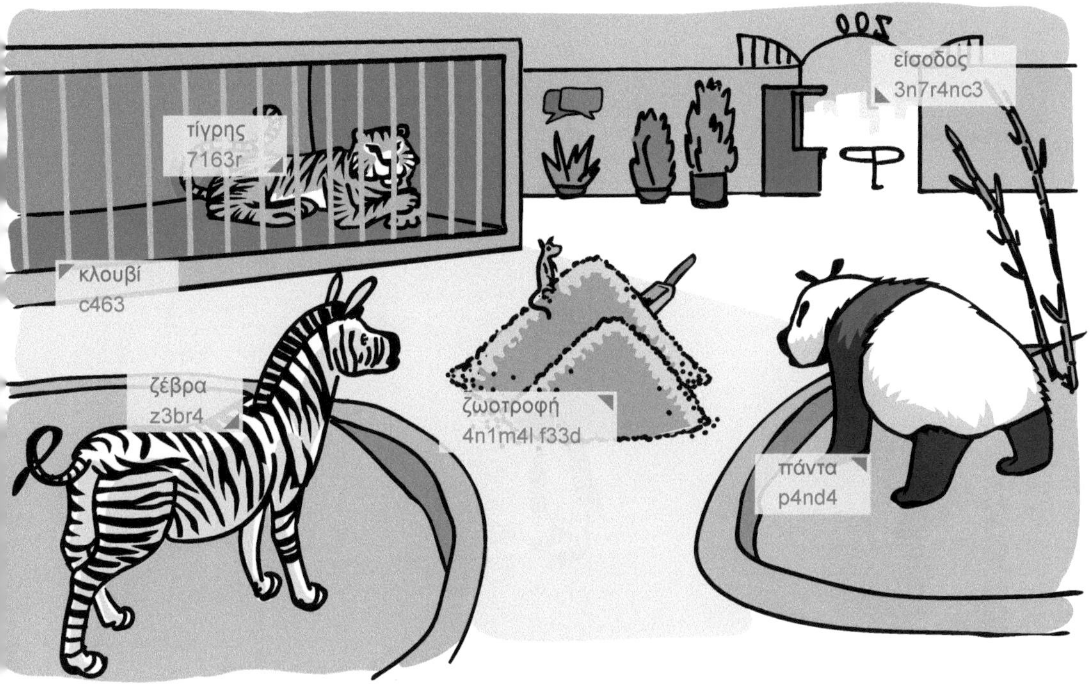

τίγρης
7163r
είσοδος
3n7r4nc3
κλουβί
c463
ζέβρα
z3br4
ζωοτροφή
4n1m4l f33d
πάντα
p4nd4

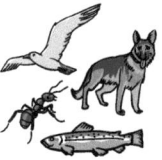

ζώα

4n1m4l5

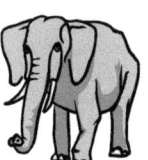

ελέφαντας

3l3ph4n7

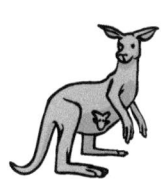

καγκουρό

k4n64r00

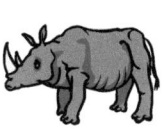

ρινόκερος

rh1n0

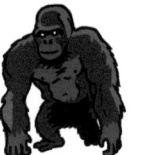

γορίλας

60r1ll4

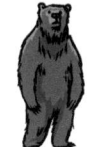

αρκούδα

b34r

καμήλα

c4m3l

στρουθοκάμηλος

057r1ch

λιοντάρι

l10n

πίθηκος

m0nk3y

φλαμίνγκο

fl4m1n60

παπαγάλος

p4rr07

πολική αρκούδα

p0l4r b34r

πιγκουίνος

p3n6u1n

καρχαρίας

5h4rk

παγώνι

p34c0ck

φίδι

5n4k3

κροκόδειλος

cr0c0d1l3

φύλακας ζωολογικού κήπου

z00k33p3r

φώκια

534l

τζάγκουαρ

j46u4r

πόνυ

p0ny

λεοπάρδαλη

l30p4rd

ιπποπόταμος

h1pp0

καμηλοπάρδαλη

61r4ff3

αετός

346l3

αγριογούρουνο

b04r

ψάρι

f15h

χελώνα

7ur7l3

θαλάσσιος ίππος

w4lru5

αλεπού

f0x

γαζέλα

64z3ll3

Αμερικάνικο ποδόσφαιρο
4m3r1c4n f007b4ll

ποδηλασία
cycl1n6

αντισφαίριση
73nn15

μπάσκετ
b45k37b4ll

κολύμβηση
5w1mm1n6

χόκεϋ επί πάγου
1c3 h0ck3y

πυγχαμία
b0x1n6

ποδόσφαιρο

50cc3r

μπάντμιντον

b4dm1n70n

στίβος

47hl371c5

χάντμπολ

h4ndb4ll

σκι

5k11n6

πόλο

p0l0

δραστηριότητες
4c71v17135

γελάω
l4u6h
πηδάω
jump
αγκαλιάζω
hu6
περπατάω
w4lk
τραγουδάω
51n6
ονειρεύομαι
dr34m
προσεύχομαι
pr4y
φιλάω
k155

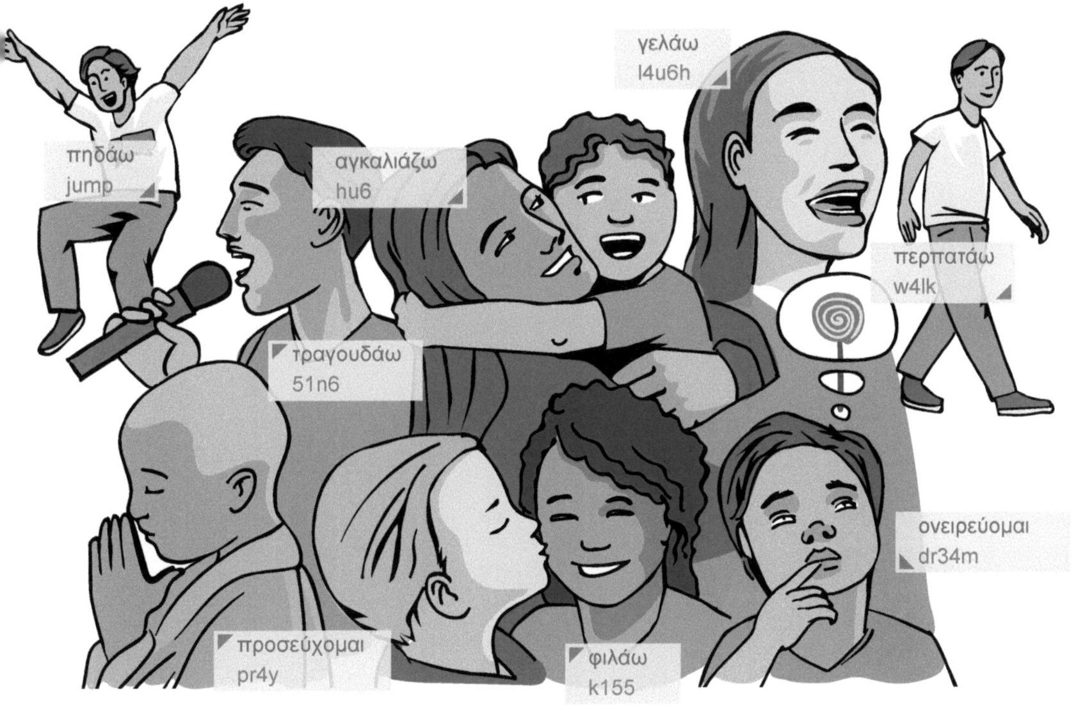

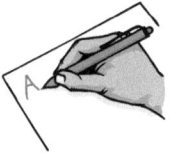

γράφω

wr173

σχεδιάζω

dr4w

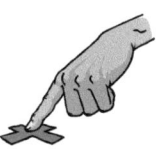

δείχνω

5h0w

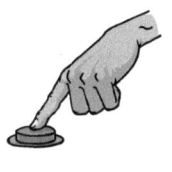

πιέζω

pu5h

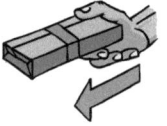

δίνω

61v3

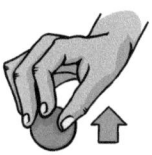

παίρνω

74k3

έχω

h4v3

κάνω

d0

είμαι

b3

στέκομαι

574nd

τρέχω

run

τραβάω

pull

ρίχνω

7hr0w

πέφτω

f4ll

ξαπλώνω

l13

περιμένω

w417

κουβαλώ

c4rry

κάθομαι

517

φοράω

637 dr3553d

κοιμάμαι

5l33p

ξυπνάω

w4k3 up

κοιτάω

l00k 47

κλαίω

cry

χαϊδεύω

57r0k3

χτενίζω

c0mb

μιλάω

74lk

καταλαβαίνω

und3r574nd

ρωτάω

45k

ακούω

l1573n

πίνω

dr1nk

τρώω

347

συγυρίζω

71dy up

αγαπάω

l0v3

μαγειρεύω

c00k

οδηγώ

dr1v3

πετάω

fly

κάνω ιστιοπλοΐα

5411

υπολογίζω

c4lcul473

διαβάζω

r34d

μαθαίνω

l34rn

δουλεύω

w0rk

παντρεύομαι

m4rry

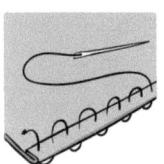

ράβω

53w

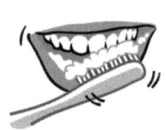

βουρτσίζω τα δόντια

bru5h 7337h

σκοτώνω

k1ll

καπνίζω

5m0k3

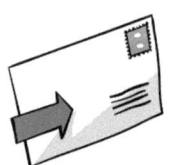

στέλνω

53nd

γιαγιά
6r4ndm07h3r

παππούς
6r4ndf47h3r

πατέρας
f47h3r

μητέρα
m07h3r

μωρό
b4by

κόρη
d4u6h73r

γιος
50n

καλεσμένος
6u357

θεία
4un7

θείος
uncl3

αδελφός
br07h3r

αδελφή
51573r

σώμα

b0dy

μέτωπο
f0r3h34d
μάτι
3y3
ώμος
5h0uld3r
δάχτυλο
f1n63r
πρόσωπο
f4c3
πιγούνι
ch1n
χέρι
h4nd
στήθος
br3457
πόδι
l36
βραχίονας
4rm

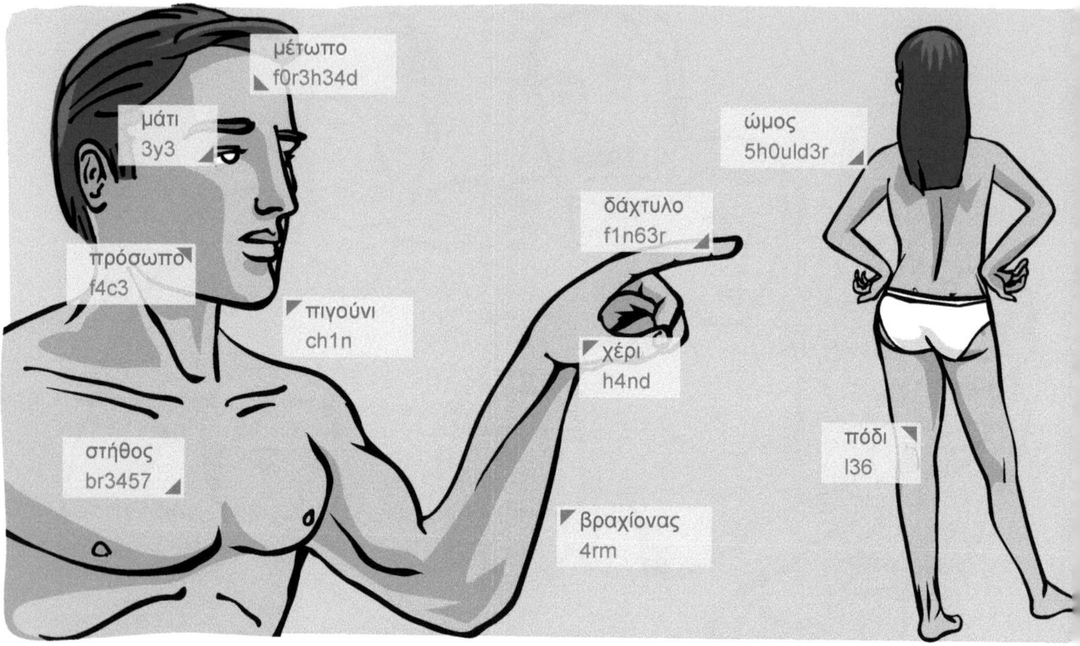

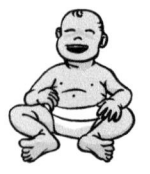

μωρό

b4by

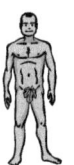

άνδρας

m4n

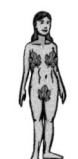

γυναίκα

w0m4n

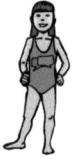

κορίτσι

61rl

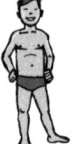

αγόρι

b0y

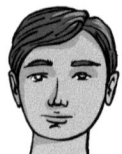

κεφάλι

h34d

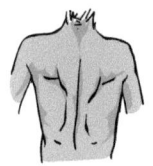

πλάτη

b4ck

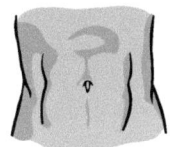

κοιλιά

b3lly

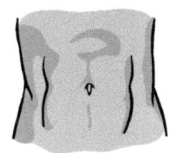

αφαλός

n4v3l

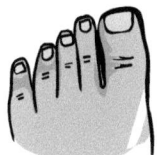

δάχτυλο ποδιού

703

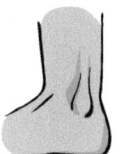

φτέρνα

h33l

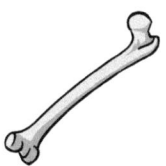

κόκκαλο

b0n3

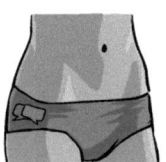

γοφός

h1p

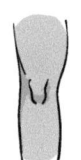

γόνατο

kn33

αγκώνας

3lb0w

μύτη

n053

γλουτός

bu770ck5

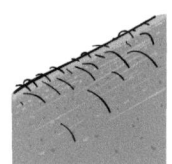

δέρμα

5k1n

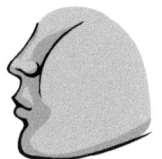

μάγουλο

ch33k

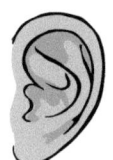

αυτί

34r

χείλος

l1p

στόμα

m0u7h

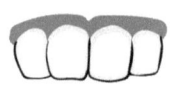

δόντι

7007h

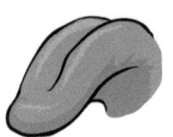

γλώσσα

70n6u3

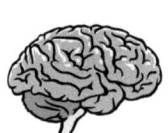

εγκέφαλος

br41n

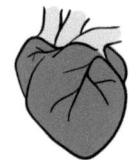

καρδιά

h34r7

μυς

mu5cl3

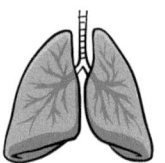

πνεύμονας

lun6

συκώτι

l1v3r

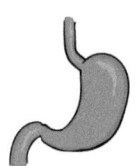

στομάχι

570m4ch

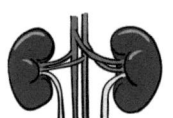

νεφρά

k1dn3y5

σεξουαλική επαφή

53x

προφυλακτικό

c0nd0m

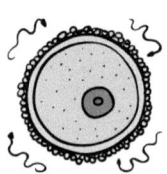

ωάριο

0vum

σπέρμα

53m3n

εγκυμοσύνη

pr36n4ncy

σώμα - b0dy

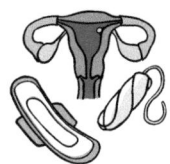

περίοδος

m3n57ru4710n

γυναικείος κόλπος

v461n4

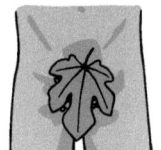

πέος

p3n15

φρύδι

3y3br0w

μαλλιά

h41r

λαιμός

n3ck

νοσοκομείο
h05p174l

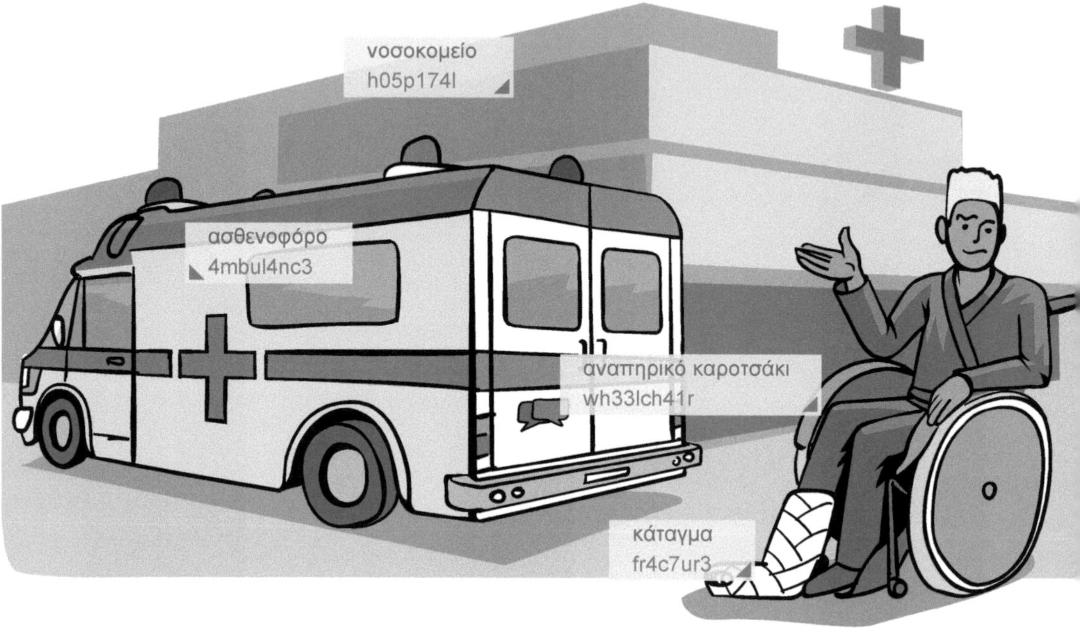

νοσοκομείο
h05p174l
ασθενοφόρο
4mbul4nc3
αναπηρικό καροτσάκι
wh33lch41r
κάταγμα
fr4c7ur3

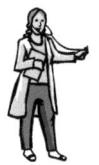

γιατρός

d0c70r

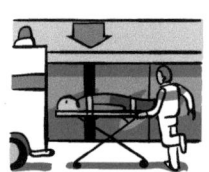

μονάδα εντατικής θεραπείας

3m3r63ncy r00m

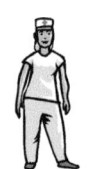

νοσοκόμα

nur53

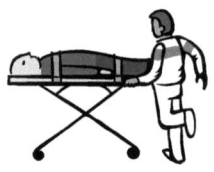

έκτακτη ανάγκη

3m3r63ncy

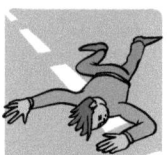

λιπόθυμος

unc0n5c10u5

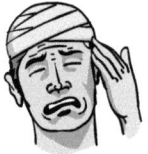

πόνος

p41n

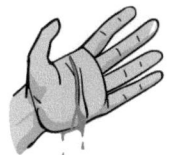
τραύμα
1njury

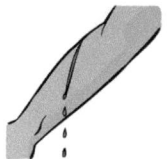
αιμορραγία
bl33d1n6

έμφραγμα
h34r7 4774ck

εγκεφαλικό
57r0k3

αλλεργία
4ll3r6y

βήχας
c0u6h

πυρετός
f3v3r

γρίπη
flu

διάρροια
d14rrh34

πονοκέφαλος
h34d4ch3

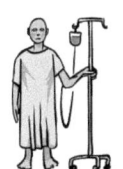
καρκίνος
c4nc3r

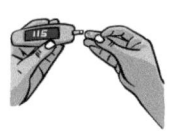
διαβήτης
d14b3735

χειρουργός
5ur630n

νυστέρι
5c4lp3l

εγχείρηση
0p3r4710n

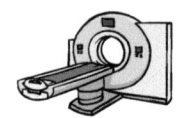

αξονική τομογραφία
c7

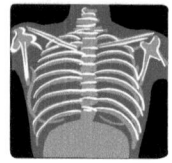

ακτινογραφία
x-r4y

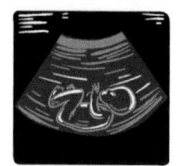

υπέρηχος
ul7r450und

μάσκα
f4c3 m45k

ασθένεια
d153453

αίθουσα αναμονής
w4171n6 r00m

πατερίτσα
cru7ch

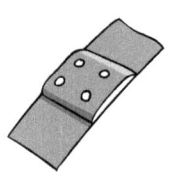

χάνσαπλαστ
pl4573r

επίδεσμος
b4nd463

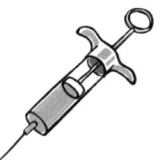

ένεση
1nj3c710n

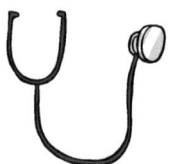

στηθοσκόπιο
5737h05c0p3

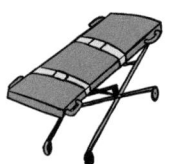

φορείο
57r37ch3r

θερμόμετρο
cl1n1c4l 7h3rm0m373r

γέννηση
b1r7h

υπέρβαρο
0v3rw316h7

ακουστικό βαρηκοΐας

h34r1n6 41d

αντισηπτικό

d151nf3c74n7

λοίμωξη

1nf3c710n

ιός

v1ru5

HIV/AIDS

h1v / 41d5

φάρμακο

m3d1c1n3

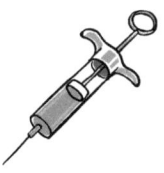

εμβολιασμός

v4cc1n4710n

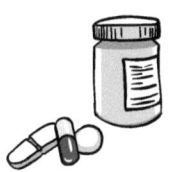

δισκία

74bl375

χάπι

p1ll

κλήση έκτακτης ανάγκης

3m3r63ncy c4ll

πιεσόμετρο αίματος

bl00d pr355ur3 m0n170r

άρρωστος / υγιής

1ll / h34l7hy

συναγερμός

4l4rm

βιαιοπραγία

4554ul7

Βοήθεια!

h3lp!

επίθεση

4774ck

κίνδυνος

d4n63r

έξοδος κινδύνου

3m3r63ncy 3x17

Φωτιά!

f1r3!

πυροσβεστήρας

f1r3 3x71n6u15h3r

ατύχημα

4cc1d3n7

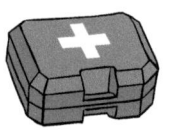

κουτί πρώτων βοηθειών

f1r57-41d k17

SOS

505

αστυνομία

p0l1c3

Ευρώπη

3ur0p3

Βόρεια Αμερική

n0r7h 4m3r1c4

Νότια Αμερική

50u7h 4m3r1c4

Αφρική

4fr1c4

Ασία

4514

Αυστραλία

4u57r4l14

Ατλαντικός Ωκεανός

47l4n71c

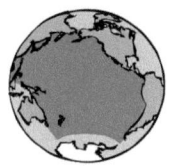

Ειρηνικός Ωκεανός

p4c1f1c

Ινδικός Ωκεανός

1nd14n 0c34n

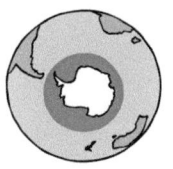

Ανταρκτικός Ωκεανός

4n74rc71c 0c34n

Αρκτικός Ωκεανός

4rc71c 0c34n

Βόρειος Πόλος

n0r7h p0l3

Νότιος Πόλος

50u7h p0l3

Ανταρκτική

4n74rc71c4

Γη

34r7h

γη

l4nd

θάλασσα

534

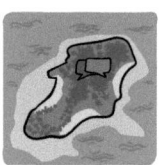

νησί

15l4nd

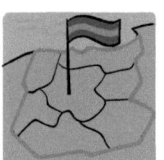

έθνος

n4710n

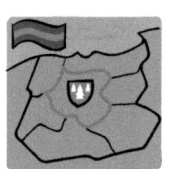

πολιτεία

57473

καντράν ρολογιού

cl0ck f4c3

ωροδείκτης

h0ur h4nd

λεπτοδείκτης

m1nu73 h4nd

δείκτης δευτερολέπτων

53c0nd h4nd

Τι ώρα είναι;

wh47 71m3 15 17?

ημέρα

d4y

χρόνος

71m3

τώρα

n0w

ψηφιακό ρολόι

d16174l w47ch

λεπτό

m1nu73

ώρα

h0ur

εβδομάδα
w33k

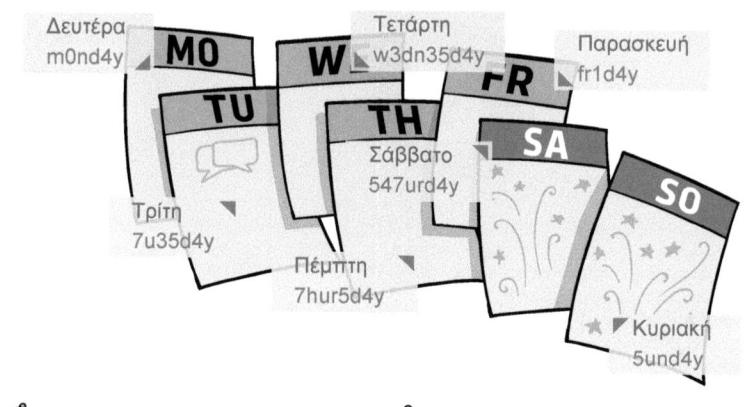

Δευτέρα
m0nd4y

Τετάρτη
w3dn35d4y

Παρασκευή
fr1d4y

Τρίτη
7u35d4y

Σάββατο
547urd4y

Πέμπτη
7hur5d4y

Κυριακή
5und4y

χθες

y3573rd4y

σήμερα

70d4y

αύριο

70m0rr0w

πρωί

m0rn1n6

μεσημέρι

n00n

βράδυ

3v3n1n6

εργάσιμες ημέρες

w0rkd4y5

Σαββατοκύριακο

w33k3nd

έτος
y34r

βροχή
r41n
ουράνιο τόξο
r41nb0w
χιόνι
5n0w
άνεμος
w1nd
άνοιξη
5pr1n6
φθινόπωρο
f4ll
καλοκαίρι
5umm3r
χειμώνας
w1n73r

4.APRIL 11°
5.APRIL 4°
6.APRIL 13°
7.APRIL 8°
8.APRIL 10°

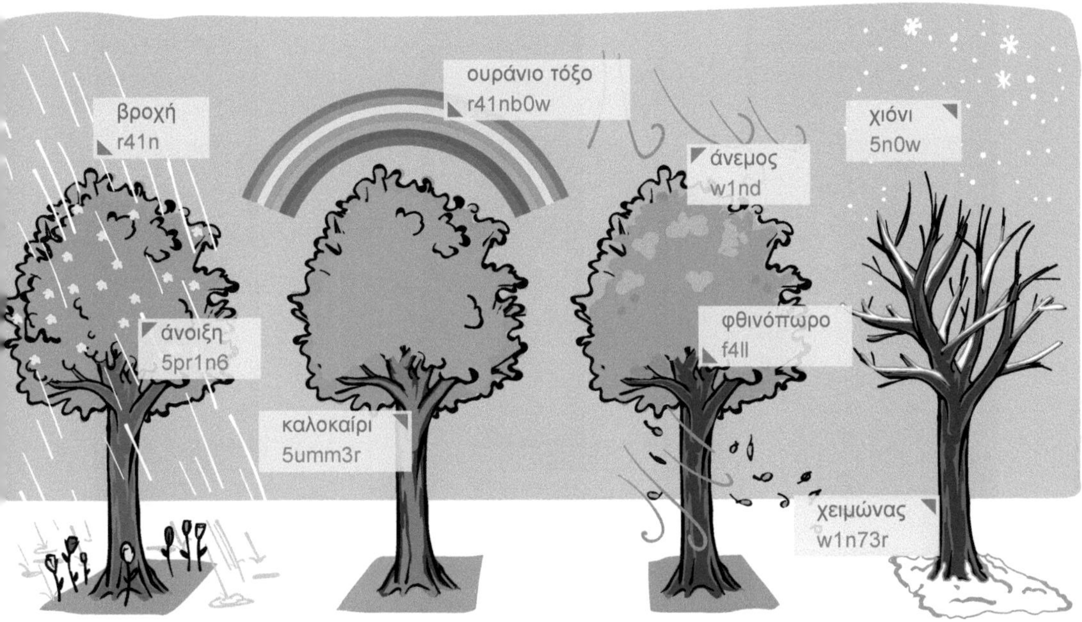

πρόγνωση καιρού

w347h3r f0r3c457

F
C
120
90
60
30
0
-30
40
30
20
10
0
-10
-20

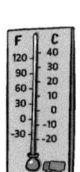

θερμόμετρο

7h3rm0m373r

λιακάδα

5un5h1n3

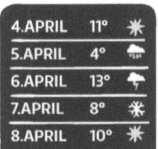

σύννεφο

cl0ud

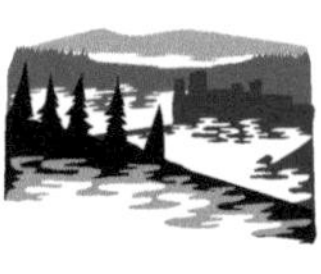

ομίχλη

f06

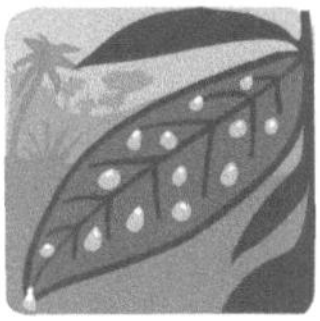

υγρασία

hum1d17y

αστραπή

l16h7n1n6

κεραυνός

7hund3r

καταιγίδα

570rm

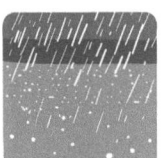

χαλάζι

h41l

μουσώνας

m0n500n

πλημμύρα

fl00d

πάγος

1c3

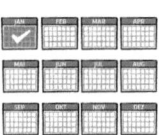

Ιανουάριος

j4nu4ry

Φεβρουάριος

f3bru4ry

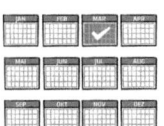

Μάρτιος

m4rch

Απρίλιος

4pr1l

Μάιος

m4y

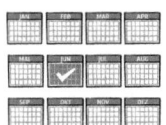

Ιούνιος

jun3

Ιούλιος

july

Αύγουστος

4u6u57

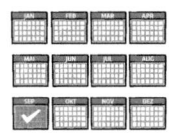

Σεπτέμβριος

53p73mb3r

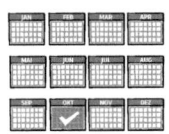

Οκτώβριος

0c70b3r

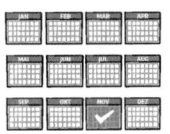

Νοέμβριος

n0v3mb3r

Δεκέμβριος

d3c3mb3r

σχήματα
5h4p35

κύκλος

c1rcl3

τετράγωνο

5qu4r3

ορθογώνιο
παραλληλόγραμμο
r3c74n6l3

τρίγωνο

7r14n6l3

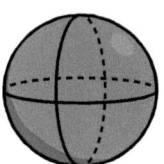

σφαίρα

5ph3r3

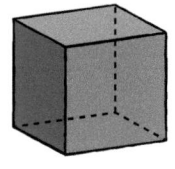

κύβος

cub3

άσπρο

wh173

κίτρινο

y3ll0w

πορτοκαλί

0r4n63

ροζ

p1nk

κόκκινο

r3d

μωβ

purpl3

μπλε

blu3

πράσινο

6r33n

καφέ

br0wn

γκρι

6r4y

μαύρο

bl4ck

πολύ / λίγο

4 l07 / 4 l177l3

θυμωμένος / ήρεμος

4n6ry / c4lm

όμορφος / άσχημος

b34u71ful / u6ly

αρχή / τέλος

b361nn1n6 / 3nd

μεγάλος / μικρός

b16 / 5m4ll

φωτεινός / σκοτεινός

br16h7 / d4rk

αδελφός / αδελφή

br07h3r / 51573r

καθαρός / λερωμένος

cl34n / d1r7y

πλήρης / ατελής

c0mpl373 / 1nc0mpl373

ημέρα / νύχτα

d4y / n16h7

νεκρός / ζωντανός

d34d / 4l1v3

φαρδύς / στενός

w1d3 / n4rr0w

βρώσιμος / μη βρώσιμος

3d1bl3 / 1n3d1bl3

κακός / ευγενικός

3v1l / k1nd

ενθουσιασμένος / βαριεστημένος

3xc173d / b0r3d

παχύς / λεπτός

f47 / 7h1n

πρώτος / τελευταίος

f1r57 / l457

φίλος / εχθρός

fr13nd / 3n3my

γεμάτος / άδειος

full / 3mp7y

σκληρός / μαλακός

h4rd / 50f7

βαρύς / ελαφρύς

h34vy / l16h7

πείνα / δίψα

hun63r / 7h1r57

άρρωστος / υγιής

1ll / h34l7hy

παράνομος / νόμιμος

1ll364l / l364l

έξυπνος / χαζός

1n73ll163n7 / 57up1d

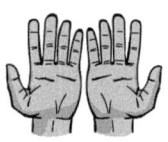

αριστερός / δεξιός

l3f7 / r16h7

κοντινός / μακρινός

n34r / f4r

86

αντίθετα - 0pp051735

καινούριος /
μεταχειρισμένος
n3w / u53d

τίποτα / κάτι
n07h1n6 / 50m37h1n6

γέρος | νέος
0ld / y0un6

αναμμένος / σβηστός
0n / 0ff

ανοιχτός / κλειστός
0p3n / cl053d

χαμηλόφωνος /
μεγαλόφωνος
qu137 / l0ud

πλούσιος / φτωχός
r1ch / p00r

σωστός / λανθασμένος
r16h7 / wr0n6

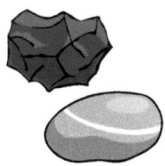

τραχύς / λείος
r0u6h / 5m007h

λυπημένος / χαρούμενος
54d / h4ppy

κοντός / μακρύς
5h0r7 / l0n6

αργός / γρήγορος
5l0w / f457

υγρός / στεγνός
w37 / dry

ζεστός / δροσερός
w4rm / c00l

πόλεμος / ειρήνη
w4r / p34c3

0	**1**	**2**
μηδέν	ένα	δύο
z3r0	0n3	7w0

3	**4**	**5**
τρία	τέσσερα	πέντε
7hr33	f0ur	f1v3

6	**7**	**8**
έξι	εφτά	οκτώ
51x	53v3n	316h7

9	**10**	**11**
εννιά	δέκα	έντεκα
n1n3	73n	3l3v3n

12	**13**	**14**
δώδεκα	δεκατρία	δεκατέσσερα
7w3lv3	7h1r733n	f0ur733n

15	**16**	**17**
δεκαπέντε	δεκαέξι	δεκαεφτά
f1f733n	51x733n	53v3n733n

18	**19**	**20**
δεκαοκτώ	δεκαεννέα	είκοσι
316h733n	n1n3733n	7w3n7y

100	**1.000**	**1.000.000**
εκατό	χίλια	εκατομμύριο
hundr3d	7h0u54nd	m1ll10n

Αγγλικά

3n6l15h

Αμερικάνικα Αγγλικά

4m3r1c4n 3n6l15h

Μανδαρίνικα Κινέζικα

ch1n353 m4nd4r1n

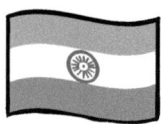

Χίντι

h1nd1

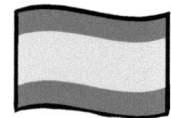

Ισπανικά

5p4n15h

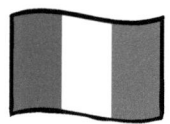

Γαλλικά

fr3nch

Αραβικά

4r4b1c

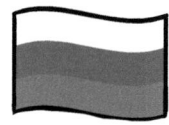

Ρώσικα

ru5514n

Πορτογαλικά

p0r7u6u353

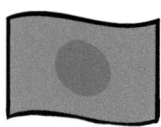

Μπενγκάλι

b3n64l1

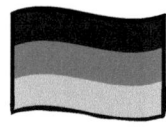

Γερμανικά

63rm4n

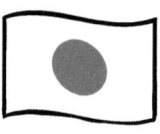

Ιαπωνικά

j4p4n353

εγώ

1

εσύ

y0u

αυτός / αυτή / αυτό

h3 / 5h3 / 17

εμείς

w3

εσείς

y0u

αυτοί / αυτές / αυτά

7h3y

ποιος / ποια / ποιο;

wh0?

τι;

wh47?

πώς;

h0w?

πού;

wh3r3?

πότε;

wh3n?

όνομα

n4m3

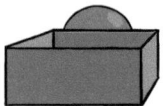

πίσω

b3h1nd

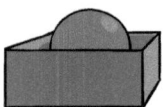

μέσα

1n

μπροστά

1n fr0n7 0f

πάνω από

0v3r

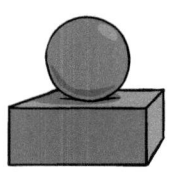

πάνω

0n

κάτω

und3r

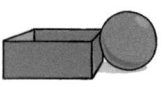

δίπλα

b351d3

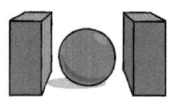

ανάμεσα

b37w33n

μέρος

pl4c3